Anders Holm

N. F. S. Grundtvig

Der Reformator und Begründer des modernen Dänemarks

VANDENHOECK & RUPRECHT

Diese Veröffentlichung wurde ermöglicht durch die freundliche Unterstützung der Danish Art Foundation, des Grænseforeningen und des Grundtvigsk Forums.

Diese Ausgabe ist die Übersetzung des dänischen Originals
Grundtvig. En introduktion.
© 2023 Anders Holm und Forlaget Klim, Aarhus.

Bibliografische Information der Deutschen Nationalbibliothek:
Die Deutsche Nationalbibliothek verzeichnet diese Publikation in der
Deutschen Nationalbibliografie; detaillierte bibliografische Daten
sind im Internet über https://dnb.de abrufbar.

© 2025 Vandenhoeck & Ruprecht, Robert-Bosch-Breite 10, D-37079 Göttingen,
ein Imprint der Brill-Gruppe
(Koninklijke Brill BV, Leiden, Niederlande; Brill USA Inc., Boston MA, USA;
Brill Asia Pte Ltd, Singapore; Brill Deutschland GmbH, Paderborn, Deutschland;
Brill Österreich GmbH, Wien, Österreich)
Koninklijke Brill BV umfasst die Imprints Brill, Brill Nijhoff, Brill Schöningh,
Brill Fink, Brill mentis, Brill Wageningen Academic, Vandenhoeck & Ruprecht,
Böhlau und V&R unipress.

Alle Rechte vorbehalten. Das Werk und seine Teile sind urheberrechtlich
geschützt. Jede Verwertung in anderen als den gesetzlich zugelassenen Fällen
bedarf der vorherigen schriftlichen Einwilligung des Verlages.

Umschlagabbildung: N. F. S. Grundtvig, Lønborg 1872, Dänische Königliche
Bibliothek, Kopenhagen.

Übersetzung: Krista Deuser in Zusammenarbeit mit
Prof. Dr. Dr. h.c. Hermann Deuser (Staufenberg) und
Dr. Peter Buhrmann (Berlin/Aabenraa)
Lektor: Dr. Peter Buhrmann, Berlin/Aabenraa
Satz: SchwabScantechnik, Göttingen
Druck und Bindung: ♻ Hubert & Co, Ergolding
Printed in the EU.

Vandenhoeck & Ruprecht Verlage | www.vandenhoeck-ruprecht-verlage.com
E-Mail: info@v-r.de

ISBN 978-3-525-50200-6

Inhalt

Geleitwort	9
Vorwort	11
Kurzbiographie	15
1. Der Romantiker	23
Der Ausdruck in ihren Augen	30
Auszug aus dem Tagebuch von Egeløkke, 5. Dezember 1805	31
Liebe und Tod in der Natur	33
Der Strand bei Egeløkke	34
Zwei Freunde wandern in der Vergangenheit	39
Der Wald in Gunderslev	40
2. Der Mythologe	45
Der Glaube an die hohe Bedeutung der Asenlehre	51
Die Mythologie des Nordens 1808	53
Wacht auf, wacht auf ihr Helden Dänemarks	55
Bjarkes Lied als Nachklang	59
Die Mythologie als Sinnbildsprache	62
Die Mythologie des Nordens 1832	64
Die Kuh Öd-Humle	64
3. Der Pfarrer	67
Grundtvigs Examens- und Skandalpredigt	81
Warum ist das Wort des Herrn aus seinem Haus verschwunden?	82
Romantik und Christentum	84
Das Land der Lebendigen	85
Die Kirche	88
Die Gegenrede der Kirche	89
Über die Wahrheit des Christentums	91

4. Der Historiker 93

Die Glocken der Vorväter umgießen 102
Der Nach-Klang 104

Kolumbus und die Kritik am Imperialismus 107
Handbuch der Welt-Geschichte 108

Der historische Vortrag 111
Seit Menschengedenken 112

5. Der Volksaufklärer 117

Licht als Auge des Lebens 126
Aufklärung 128

Aufgeklärte und nützliche Bürger können und sollen
wir alle nämlich werden 129
Die Schule fürs Leben und die Akademie in Soer 130

Lust auf Schule 133
Marielystrede 134
Zur Eröffnung der Winterschule am 7. Dezember 1857 134

6. Der Liederdichter 141

Weihnachten und Engel 147
Willkommen, du liebe Engelschar 149

Ostern – haben wir etwas zu bedeuten? 150
Die Osterglocke 152

Pfingsten, der Heilige Geist und die Kirche 155
In vollem Glanz nun strahlt die Sonne 157

7. Der Politiker 161

Die ideale Regierungsform 168
Königs-Hand und Volkes-Stimme 169

Die freie Gottesverehrung 171
Über Religions-Freiheit 1827 173
Reden über Religionsfreiheit in der Verfassunggebenden
Reichsversammlung 1849 173

Armenhilfe	176
Rede über die Armen in der Verfassunggebenden Reichsversammlung 1849	177

8. Der Däne ... 181
Drei entscheidende Ereignisse	182
Im Kleinen liegt die Stärke	188
Weit höhere Berge	190
Auf dänisch leben oder auf deutsch sterben	192
Der Däne	193
Was ist ein Volk?	195
Die Volksverbundenheit	197

9. Grundtvigs Wirkungsgeschichte ... 201
Der Grundtvigianismus nach Grundtvig	203
Grundtvig und die dänische Kirche	215
Grundtvig und der moderne Kulturkampf	217
Grundtvig auf dem Rockfestival in Roskilde	219

10. Grundtvig in aller Welt ... 225
Aufklärung und Mündigkeit	227
Grundtvig als Gegenkultur	230
Grundtvig und Deutschland	232
Grundtvig in Polen	241
Grundtvig in Indien	246
Grundtvig in den USA	250
Der globale und universelle Grundtvig	255

Danksagung	258
Zeittafel	260
Abbildungsverzeichnis	263
Literatur	264

Geleitwort

Nikolai Frederik Severin Grundtvig (1783–1872) spielt eine monumentale Rolle in der dänischen Kulturgeschichte. Wenn jemand das Prädikat eines „Universalgelehrten" verdient hat, dann er. Seine Schriften umfassen ungefähr 35.000 Seiten einschließlich 1.600 Kirchenlieder und eine schier unüberschaubare Menge von Notizen. Während er seinem Dienst als Pfarrer nachging, verfasste er umfängliche Texte zur dänischen und nordischen Geschichte, übte starken Einfluss auf das dänische Bildungssystem aus und beteiligte sich als Politiker an der verfassungsgebenden Nationalversammlung von 1848. Darüber hinaus war er Herausgeber mehrerer Zeitschriften, deren Wirkung bis heute nicht nachgelassen hat, und er übersetzte das altenglische Epos „Beowulf" erstmalig ins Dänische.

Grundtvigs Wirkungen und Nachwirkungen sind entsprechend groß. Er ist der wohl wichtigste dänische Dichter und Denker des 19. Jahrhunderts. Selbst Hans Christian Andersen und Søren Kierkegaard, die im Ausland weitaus bekannter sind, haben in Dänemark nicht die flächendeckende Prägekraft, die Grundtvig über seine Lebensdaten hinaus für sich beanspruchen kann.

Die Lebensspanne Grundtvigs erstreckte sich über nahezu ein Jahrhundert – und es waren bewegte Zeiten. Die Modernisierung der nord- und mitteleuropäischen Gesellschaften steckte Mitte des 19. Jahrhunderts in den Kinderschuhen. Die Demokratie als neue Gesellschaftsform war noch in ihrem Entwicklungsstadium. Grundtvig trug zu den Fortschritten seiner Zeit maßgeblich bei. Er war ein Modernisierer und „Reformer", wie der Titel dieses Buches festhält.

Denn Grundtvig begrüßte die gesellschaftsverändernde Aufklärung und die Rationalität, die sich mit der Demokratisierung durchzusetzen begannen. Er war aber von Anfang an davon überzeugt, dass die neuen Regierungs- und Gesellschaftsformen nur dann erfolgreich sein würden, wenn sie auch für das einzelne Individuum wirklich Sinn ergeben. Grundtvigs Sinnvorstellung wurde nämlich auch aus der Romantik, der Mythologie und dem christlichen Glauben gespeist. Diesen Dimensionen der menschlichen Existenz wollte er zum Fortbestand verhelfen. Deshalb suchte er stets nach Wegen, einer absoluten Dominanz der Rationalität die Stirn zu bieten. Zu einer vollen Entfaltung der Aufklärung konnte es für ihn paradoxerweise nur dann kommen, wenn sie sich beschränkt.

Das Gedankengut des romantischen Aufklärers lebt bis heute weiter: im dänischen Alltag, in der Kirche, in der Politik, an den Universitäten und in den Schulen. Die schon 1844 in die Praxis umgesetzte Idee einer Heimvolkshochschule, um die er in seinen Schriften immer wieder kreist, zielte auf zweierlei ab: Einerseits sollte den Teilnehmerinnen in unterschiedlichen Lebensbereichen Wissen und Können vermittelt werden; andererseits ging es darum, jedem und jeder Tag für Tag bewusst zu machen, dass er oder sie ein unersetzbarer Teil einer größeren Gemeinschaft ist und für selbige eine Mitverantwortung trägt. Bildung und Einübung eines demokratischen Bewusstseins waren von Beginn an ineinander verwoben. Das vielzitierte Motto „Zuerst Mensch, dann Christ" belegt, dass Grundtvig Gesellschaft und Gemeinschaft als offene definierte.

Dieses Buch empfiehlt sich jedem, der die dänische und skandinavische Gesellschaft besser verstehen will. Ihre homogene und erfolgreiche Geschichte während der letzten zwei Jahrhunderte lässt sich ohne Grundtvig kaum verstehen. Mit seiner einmaligen Fähigkeit, Fortschritt und Liberalismus mit Konservatismus und nationaler, religiöser und ethnischer Identität in Einklang zu bringen, ist Grundtvig so aktuell wie noch nie.

Dr. Peter Buhrmann
Geschäftsführer des Verbandes der Bildungszentren im ländlichen Raum e.V.

Vorwort

Vor über 25 Jahren, als ich an der Universität Kopenhagen Theologie studierte, nahm ich an einem Kurs über N. F. S. Grundtvig teil. Es wäre nicht ganz falsch zu sagen, dass ich zu meiner eigenen Überraschung eingefangen wurde! Aus meiner jetzigen Perspektive betrachtet und in den Augen anderer, ist diese Befangenheit nicht ganz so erstaunlich, wie ich damals meinte. Nicht nur bin ich ein Landsmann von Grundtvig. In meiner Ahnenreihe, die sich bis weit zurück ins 18. Jahrhundert und zu Grundtvigs Zeit erstreckt, gibt es viele „grundtvigsche" Pfarrer. Grundtvig war mein Schicksal und ist es damals schon lange gewesen.

In Dänemark begegnet man Grundtvig überall: in den Medien, im Bildungssystem, in der Kirche u.s.w. Und in diesen Jahren erscheint nach wie vor ein steter Strom von Literatur über ihn, es werden Dokumentarprogramme und Filme über ihn gedreht. Die Meinungen über ihn sind geteilt, aber die Mehrheit ist sich darüber einig, dass es schwierig, wenn nicht geradezu unmöglich ist, andere historische Personen zu finden, die mehr Einfluss auf die Ausformung der dänischen Gegenwartsgesellschaft haben, als Grundtvig.

Aber warum und wie hat dieser eine Mensch aus dem 18. Jahrhundert einen so umfänglichen Einfluss auf ein Land mit knapp 6 Millionen Einwohnern bekommen können? Und warum inspirieren seine Ideen weiterhin Menschen, nicht alleine in Dänemark, Skandinavien und Europa, sondern in steigendem Maße auch überall in der Welt – ja in fernen Ländern wie auf den Phillippinen, in Südkorea, Japan, China, Indien, Kanada und den Vereinigten Staaten?

Die Antwort findet sich nicht nur in einem Aspekt von Grundtvigs Schaffen, sondern im Blick auf die Mannigfaltigkeit seines Einsatzes. Neben seiner Tätigkeit als Pfarrer war er lebenslang nicht nur als Dichter und Kirchenliederdichter beschäftigt, sondern auch als

Politiker, als die Demokratie 1848–1849 in Dänemark eingeführt wurde. Darüber hinaus hielt er Vorträge und ist Autor unzähliger Bücher über Geschichte, Mythologie, Ausbildung, Philosophie und vieles mehr. In allen diesen Bereichen haben Grundtvigs Gedanken die dänische Kultur und die dänische Gesellschaft bis in die Gegenwart beeinflusst. Auch haben seine Gedanken im Ausland eine Rolle gespielt.

Was die Philosophie, Ausbildung und Ausformung des Nationalstaates anbelangt, wurde Grundtvig zu einem entscheidenden Zeitpunkt in der Geschichte Dänemarks und der westlichen Welt geboren. Er gehört zu den Pionieren der Übergangszeit zu dem Zeitalter, das wir als „moderne Welt" bezeichnen. Er wohnte für den Großteil seines Erwachsenenlebens in Kopenhagen, und im überschaubaren Stadtkern traf er hin und wieder auf die zwei weltberühmten Dänen, den Märchenautor Hans Christian Andersen und den Philosophen und Theologen Søren Kierkegaard, mit denen er sich allerdings nicht vertrug!

Er wurde oft mit den ungefähr zeitgleichen deutschen Denkern und Dichtern wie Herder, Goethe, Schelling, Fichte und Hegel verglichen, die er in unterschiedlicher Weise einerseits kritisierte, die ihn aber andererseits auch inspirierten.

Im kirchlichen Bereich kann Grundtvigs Bedeutung vielleicht mit der Friedrich Schleiermachers verglichen werden, wenn sich auch ihre Gedanken und Arbeitsbereiche unterschieden. Er wurde aber auch aufgrund seines reformatorartigen Einflusses auf Kirche, dänische Politik und den Ausbildungsbereich nach eigenem Wunsch und trotz des Zeitabstandes als dänischer Martin Luther bezeichnet.

Als Pädagoge ist Grundtvig mit dem brasilianischen Freire, dem indischen Tagore und dem deutschen W. v. Humboldt verglichen worden. Ebenfalls haben einige Parallelen zu den Amerikanern

Washington, Emerson und Franklin sowie dem französischen Tocqueville gezogen. Grundtvig diente auch als Quelle der Inspiration für die intellektuellen Umfelder, die Mahatma Gandhi und Martin Luther King in ihren Kämpfen für Bürgerrechte und universelle Ausbildung geprägt haben.

Nicht selten taucht sein Name auf Tagungen und in Diskussionen über Ausbildung, Politik und Bürgerechte auf. Seit dem Jahr 2000 hat die Europäische Union ein Programm namens *Grundtvig-Programm* aufgelegt zur „Beihilfe von Erwachsenen, ihr Wissen und ihre Fähigkeiten zu verbessern und ihre Persönlichkeit zu bilden".

In der literarischen Welt ist Grundtvig für seine Kirchenlieder und Gedichte bekannt und darüber hinaus für seine Arbeit für die Zugänglichkeit der altnordischen Literatur sowie als erster moderner Übersetzer des altenglischen Gedichts Beowulf (zwischen 750 und 1000 n. u. Z. geschrieben).

Das vorliegende Buch ist eine Übersetzung des auf Dänisch erschienenen Buchs *Grundtvig. En introduktion* mit zusätzlichen Abschnitten über Grundtvigs Bedeutung in Deutschland und Polen. Es ist eines von mehreren Übersetzungen dieses Buches.

Das Buch wird mit einer kurzen Biographie eingeleitet. Die ersten acht Kapitel präsentieren verschiedene Seiten von Grundtvigs Wirken. Die Reihenfolge der Kapitel ist vom Zeitpunkt bestimmt, an dem der Haupteinsatz Grundtvigs auf dem gegebenen Gebiet seine Wirkung in der Öffentlichkeit entfaltete. Kapitel 9 und 10 berichten über Grundtvigs Bedeutung in der Nachwelt – in Dänemark und überall auf der Welt.

An jedes der ersten acht Kapitel sind drei repräsentative Texte oder Textauszüge von Grundtvig selbst angeschlossen, begleitet von Einführungen und Worterklärungen. Wo immer es möglich gewesen ist, werden die Erstausgaben als Grundlage genutzt. Am Schluss des Buches finden sich eine Zeittafel und Vorschläge für die weitere Lektüre.[1]

---

1 Die Gedichte werden, sofern sie in der deutschen Übersetzung in: K. E. Bugge, F Lundgreen-Nielsen und T Jørgensen, *N. F. S. Grundtvig: Schriften in Auswahl,* Göttingen, Vandenhoeck & Ruprecht, 2010 vorliegen, in der Regel übernommen, bisweilen leicht redaktionell bearbeitet und mit *Schriften* nachgewiesen. Diese Übersetzungen haben den Vorzug, dass sie gereimt sind.

Kurzbiographie

Nikolai Frederik Severin Grundtvig wurde am 8. September 1783 im Pfarrhaus von Udby im Süden Seelands geboren. Er war der jüngste von sieben Geschwistern, von denen mehrere früh starben. Grundtvigs Elternhaus war von einem konservativen und frommen lutherischen Christentum geprägt. Als Neunjähriger wird er zu Bekannten der Familie nach Thyregod in Mittjütland geschickt, die ihn auf die Lateinschule bzw. das Gymnasium, das er von 1798–1800 besucht, vorbereiten sollen. Danach studiert er von 1800–1803 Theologie an der Universität von Kopenhagen. Während des Studiums eignet er sich ein von der Aufklärung geprägtes Verständnis des Christentums an, unter Betonung „der milden Lehre Jesu", und verwirft den Glauben der alten Zeiten als bedeutungslos.

In seinen Tagebüchern aus dieser Zeit äußert er ein mangelndes Interesse am Studium. Auch die Vorlesungen seines Vetters Henrich Steffens über die deutsche romantische Philosophie, die zum eigentlichen Durchbruch der Romantik in Dänemark führten, können in ihm keine unmittelbare Begeisterung wecken. Die zahlreichen fremden philosophischen Ausdrücke fand er anfangs abstoßend, später aber sah er ein, dass die Vorlesungen ihm doch viel bedeutet hatten.

Liebe und Literatur
Als Zwanzigjähriger besteht Grundtvig das Examen und er wird Kandidat der Theologie, jedoch ohne Aussicht auf eine Anstellung als Pfarrer. In den folgenden Jahren lebt er wechselweise bei Freunden oder der Familie und macht hier privat seine ersten Versuche als Schriftsteller und Dichter bis ihm im Frühling 1805 eine Stelle als Hauslehrer auf dem Gut Egeløkke auf der Insel Langeland angeboten wird. Seine Verliebtheit in Constance Leth, die 28-jährige Gutsherrin und Mutter seines Schülers, brachte seine Welt in Unordnung, und in einer Art Selbstschutz gegen die als heftig erlebten

Gefühle, begann er sich in das Studium der Romantik und der nordischen Mythologie zu vertiefen. Dieses Erlebnis gilt wohl als Startschuss für Grundtvigs Laufbahn als Schriftsteller 1806–1810, zunächst mit einer Reihe von Werken zur nordischen Mythologie. Im Laufe des Jahres 1808 zieht er nach Kopenhagen um, wo er einige Jahre in einem Kollegium wohnt und sein Geld als Gymnasiallehrer für Geschichte und Geografie verdient. Nebenbei versucht er, sich als Intellektueller und Autor bekannt zu machen.

Dieser Traum sollte Anfang 1810 einen Rückschlag erleiden, als seine Eltern ihn bitten, nach Udby zurückzukehren, um seinem inzwischen alten Vater bei der Ausübung seines Amtes als Hilfsprediger zu helfen. Obwohl nicht erfreut, stellt er sich pflichtbewusst den ihm noch fehlenden obligatorischen Examen zum Pfarramt. In der Predigt, mit der er die Prüfung bestehen sollte, stellte er die unverschämte Frage, warum das Wort des Herrn aus seinem Haus verschwunden sei, und deutete damit an, dass die Kirche in ihrer Aufgabe versagt habe. Für diese Predigt bekam er die höchste Note, dennoch löste die von Grundtvig gewählte nachfolgende Veröffentlichung dieses provokanten Textes einen großen Skandal aus.

Zusammenbruch und die ersten Jahre als Pfarrer

Die vielen schwierigen Überlegungen, dem Wunsch der Eltern nachzukommen und Pfarrer zu werden, enden schließlich in einem inneren Zusammenbruch Grundtvigs im Spätherbst des Jahres 1810. Ein Freund bringt ihn zu seinen Eltern, wo er wieder zur Ruhe kommt und schließlich gefestigt den Mut findet, um die Anstellung als Hilfsprediger seines Vaters zu ersuchen. Im Frühling 1811 leidet Grundtvig immer noch unter starken Gefühlsschwankungen, beginnt aber am 16. Juni 1811 mit einer ersten Predigt das Leben eines Landpfarrers, ein Leben, das zur damaligen Zeit eine umfassende praktische Arbeitsleistung für den Staat bedeutete.

Im späten September 1811 verlobt sich Grundtvig mit Lise Blicher, einer Pfarrerstochter von der Insel Falster, die er schon einige Jahre gekannt hatte. Nach dem Tod seines Vaters 1813 zieht er erneut nach Kopenhagen und bewirbt sich in den folgenden Jahren um verschiedene Ämter, jedoch ohne Erfolg. Der Grund hierfür könnte darin liegen, dass er in diesen Jahren eine Reihe konservativer Bücher über Geschichte und biblisches Christentum veröffentlicht hat, die als provokant und ärgerlich empfunden werden. Das Durchleben der Krise von 1810 hatte aus ihm einen eigenwilligen, strengen Lutheraner gemacht.

Im Jahre 1815 nahm er vom Predigen abstand, bis er eine Anstellung erhalten hatte und auch in den folgenden Jahren, in denen er mit Lise Blicher verheiratet war (1818), lebt er von der materiellen Hilfe anderer. Er schreibt kleine tagesaktuelle Artikel und philosophische Abhandlungen über Gedichte, über das Christentum in Dänemark u.a.m., die er ganz auf sich gestellt als Zeitschrift mit dem Titel *Danne-Virke* (Dannewerk) herausgibt. Zur gleichen Zeit übersetzt er eine Reihe von Werken mit großer Bedeutung für das Verständnis der dänisch-nordischen Vorzeit (Saxo, Snorre, Beowulf).

Die unvergleichliche Entdeckung
Grundtvig wird 1821 unerwartet und ohne sich zu bewerben vom König zum Gemeindepfarrer auf Præstø und danach 1822 zum zweiten Pfarrer in der Erlöserkirche in Christianshavn ernannt. Im Jahre 1825 macht Grundtvig seine „unvergleichliche Entdeckung", dass nicht die Bibel, sondern die lebendige Gemeinde mit dem Glaubensbekenntnis und der Taufe das Zentrum des Christentums darstellen. Diese neue Sichtweise stellt er zum ersten Mal öffentlich in einem Angriff auf den Theologieprofessor H. N. Clausen (1793–1877) dar, der ein anderes Verständnis von Christentum hatte als Grundtvig. Als der Ketzer, der Clausen nach Grundtvigs Urteil war, hätte Clausen zurücktreten müssen. Damit aber will sich Clausen nicht abfinden und strengt einen Beleidigungsprozess an, den

er letztlich auch gewinnt. Grundtvig wird daraufhin unter lebenslange Zensur gestellt. Allerdings hatte er davor schon sein Pfarramt verlassen, enttäuscht über die Entwicklung der Dinge.

Von nun an, wenn auch zögerlich, beginnen die Dinge sich aber zu ändern. Die Anzahl der Menschen, die er um sich scharen kann und die unterstützend seine Sichtweise mit ihm teilen, beginnt seit Ende 1820 zu wachsen. Grundtvig erhält 1832 als Pfarrer mit seiner ersten Gemeinde die Erlaubnis, in Frederiks Deutscher Kirche Abendgottesdienste abzuhalten, jedoch ohne Taufen und Abendmahl. 1837 wird für Grundtvig die Zensur aufgehoben. Sein Vortrag *Mands-Minde* (Seit Menschengedenken), den er am Borchs Kollegium 1838 hält, wird ein Publikumsmagnet und die Grundlage zur Etablierung der Vortragsvereinigung *Danske Samfund* (Dänische Gesellschaft) mit Grundtvig als Vorsitzendem. Mit dem Beginn der Regierungszeit des neuen Königs 1839 genießt Grundtvig die wohlwollende Gesinnung des Königspaares Christian VIII. und seiner Gemahlin Caroline Amalie. Sie machen den Weg frei für Grundtvigs Ernennung zum Pfarrer an der Vartov Hospital Kirche 1839 und schaffen damit eine Basis für sein großes Gesellschaftsengagement der folgenden Jahre.

Politik, Pädagogik und die Entstehung von Kirchenliedern

Das Engagement für die Gesellschaft hatte schon im Laufe der 1830er Jahre mit mehreren Reisen nach England begonnen (1829–1832), die ihn zur Arbeit über Politik, Ausbildung und kirchliche Fragen inspirierten. In den folgenden Jahren schreibt er einige seiner Hauptschriften über kirchenpolitische und pädagogische Fragen, die alle unter einem wichtigen Begriff stehen, dem der Freiheit, d. h. der Religionsfreiheit, der Glaubensfreiheit, der Redefreiheit und der Versammlungsfreiheit. Obwohl Grundtvig zunächst skeptisch war, erkannte er schnell die Möglichkeiten in der beratenden Ständeversammlung, die ihre Arbeit 1835 aufnahm. Gerade das Recht, sich gegenüber dem absolutistischen König zu äußern, war eine Möglichkeit, eine der wichtigsten Freiheiten zu realisieren: die Redefreiheit. Aber um das Volk für diese Aufgabe reif zu machen, brauchte man eine besondere Einrichtung, die Grundtvig „Hochschule" nannte,[2] um dies auch Ungebildeten vermitteln zu können. Ebenfalls in den 1830er Jahren nimmt Grundtvig auf Wunsch einiger Freunde und mit deren materieller Unterstützung die Arbeit an einem neuen großen dänischen Buch über Kirchenlieder in Angriff. Das erste Heft mit Kirchenliedern unter dem Titel *Sang-Værk til Den Danske Kirke* (Gesangswerk für die dänische Kirche) erscheint gleichzeitig mit dem Reformationsjubiläum in der letzten Oktoberwoche 1836. Für den Rest seines Lebens wird Grundtvig das Schreiben von Kirchenliedern weiter fortsetzen.

Im Winter 1843–1844 hält er erneut eine Vortragsreihe im Borchs Kollegium über griechische und nordische Mythologie, die später unter dem Titel *Brage-Snak* (Weitläufige Gespräche, Geplauder) veröffentlicht wird. Neu ist, dass erstmals Frauen unter den Zuhörern sind, was Grundtvig in eine gewisse Verwirrung bringt. Sowohl hier wie auch in anderen Reden genehmigt er sich ein wenig von jedem, unter anderem sich kritisch über den Gesamtstaat zu äußern. Es waren nicht Grundtvigs qualitativ beste Jahre. 1844 erlitt er eine Depression, und sein Traum von einer Hochschule in Sorø wurde trotz verschiedener Versprechen des Königs nie verwirklicht.

Im Jahr 1848 wird Grundtvig wieder zu einer zentralen Figur in der Öffentlichkeit. Obwohl er kein Anhänger der Volksherrschaft ist, wird er offener für die Veränderung in der Gesellschaft hin zu einer anderen Regierungsform als der absolutistischen. Er wird Mitglied der Verfassungsgebenden Reichsversammlung von 1848–1849, in der das Grundgesetz angenommen wurde, saß danach mit

---

2 Zur Verwendung des Begriffs „Hochschule" durch Grundtvig siehe die Faktenbox im Kapitel 5, S. 118–119.

einigen kurzen Unterbrechungen 10 Jahre im dänischen Parlament (Folketinget) und außerdem 1866 ein halbes Jahr im Landesparlament (Landstinget). Seine reale politische Urteilskraft war nicht allzu groß und keiner seiner Vorschläge wurden angenommen, mit Ausnahme des wichtigen Paragraphen 79 über Mündlichkeit und Öffentlichkeit in der Rechtspflege, wobei seine persönliche Bedeutung meist symbolisch blieb.

Demokratie und Dänentum
Von 1848 bis Ende 1851 gibt Grundtvig auf eigene Faust ein Wochenblatt heraus unter dem Titel *Danskeren* (Der Däne) und kommentiert darin die politischen Veränderungen und den Krieg in Schleswig-Holstein. Aufgrund dieser Gegebenheiten formuliert Grundtvig in diesen Jahren seine markantesten Aussagen über das Dänentum und das Verhältnis zum Deutschen. Er war sich nicht sicher, ob Dänemark überleben würde, zumal zwei Söhne mit im Krieg waren und er sich genötigt sah, sich scharf und unmissverständlich zu formulieren.

Im Frühling 1851 stirbt seine Frau Lise. Zehn Monate später heiratet er, zur größten Entrüstung für viele, die 30 Jahre jüngere Marie Toft. Obwohl er in eine neue Depression verfällt, ist die Ehe sehr glücklich und es ist ihm ein schmerzlicher Verlust, als Marie 1854 stirbt. Ihr zum Gedenken nannte Grundtvig die neue Schule, die auf seinen Ideen für eine Hochschule basiert und mit Hilfe von Spenden gegründet wurde, Marielyst.

Wenn auch sein Kummer über den Tod von Marie groß war, hat es ihn nicht von der Ausübung seiner politischen Aktivitäten oder Wahrnehmung seiner Pflichten im Pfarramt abgehalten und in den folgenden Jahren verfasste er einige seiner wichtigsten theologischen Schriften. Dies geschah unter anderem als Reaktion auf Søren Kierkegaard, der einen Angriff auf die Pfarrer der dänischen

Kirche gestartet hatte und ihnen vorwarf, das Christentum im Stich zu lassen und nur auf Prestige und Geld zu setzen.

1858 heiratet Grundtvig die 43 Jahre jüngere Asta Reedtz, die zwei Jahre später eine Tochter zur Welt bringt. Zu seinem 50. Amtsjubiläum als Pfarrer 1861 wird ihm für seinen lebenslangen Einsatz der Rang eines Bischofs auf Seeland verliehen. Umringt von seinen Freunden, den Grundtvigianern, hielt er in jedem Jahr aus Anlass seines Geburtstags ein sogenanntes Freundestreffen ab, wo er mit viel Gesang und Festlichkeit als alter Dichter und Prophet gefeiert wurde.

Im Katastrophenjahr 1864, als Dänemark die Schlacht bei Düppel verliert und erhebliche Landverluste hinnehmen muss, versucht Grundtvig erneut, die Dänen durch seine Lieder und Schriften aufzumuntern.

Mit 83 Jahren erleidet Grundtvig erneut eine Phase von psychischer Instabilität von Wahnsinn, diesmal während eines Gottesdienstes, der mehrere Stunden dauerte und in dessen Verlauf er sehr merkwürdige Dinge tat. Danach gibt es viele verschiedene Berichte über das Geschehene, doch Grundtvig erholt sich wieder von dem Anfall und kann sein Amt bis zu seinem Tod am 2. September 1872 ausüben.

Niemand kann Grundtvigs enormen Nachlass überschauen oder gar einen Überblick darüber geben. Man hat errechnet, dass seine Schriften ca. 150 Bände mit je 500 Seiten umfassen, wenn alles worüber er geschrieben hat, veröffentlicht werden würde. Ähnliches gilt für den Einfluss seines Schaffens, das nicht nur die Grundtvigianer geprägt hat, sondern für die gesamte dänische Gesellschaft von Bedeutung ist und seine Spuren auch außerhalb Dänemarks zeigt.

N. F. S. Grundtvig. Holzschnitt nach C. A. Jensens Gemälde 1831.

1. Der Romantiker

 Auf taubedeckte Weiden
blickte ich mit Lust,
sah die Bienen hängen
an der Blüten Brust.
Ich sah wie sie saugten
was die Blume so innig
verschließt in ihrem Schoß.
Ein Jauchzer musst' es sein!
Ach, nun kann ich deuten fein
ein neues Wunder.[3]

---

3   *Nordens Mytologi eller Udsigt og Eddalæren for dannede Mænd der ei selv ere Mytologer*, København, J. H. Schubothes Forlag 1808, S. 192.

Grundtvigs frühe Werke sind von der Romantik und deren Bildsprache geprägt, d. h. seine Ausdrucksweise, sein bilderreiches Universum, seine Denkweise über Geschichte, Mythologie und Natur stammen aus der Romantik und sind überall in seinem Werk präsent.

> **Romantik und Aufklärung**
> Romantik ist die Bezeichnung für eine Strömung in der westlichen Kunst, Kultur und Philosophie, die von Ende 1790 bis 1890, ja mitunter bis in die Gegenwart von Bedeutung ist. Obwohl die damalige Sprache und die Ausdrücke oder Vorstellungen in der heutigen Zeit für uns etwas schwülstig erscheinen mögen, erinnern viele gegenwärtige Kulturphänomene, wie in Film und Musik, an Ausdruckweisen der Romantik und historisch gesehen entstammen sie auch der Romantikepoche.
> Häufig wird die Romantik als eine Denkart oder ein Weltbild in Opposition zur Zeit der Aufklärung (ab 1750) beschrieben. Das ist insofern richtig, als dass die Romantik aus einer Auflehnung gegen viele Hauptideen der Aufklärung entstanden ist und als Reaktion auf die Erfahrung, dass der Verstand nicht alle Weltprobleme lösen kann. Während die Aufklärung das Gewicht auf den Verstand legt, betont die Romantik das Gefühl, die Ahnung und das Unbewusste. Es wäre jedoch falsch zu sagen, die beiden unterschiedlichen kulturellen Strömungen würden einander ausschließen. Die Ideen der Aufklärung sind fester Bestandteil der Naturwissenschaft und Forschung, und wie die Wirklichkeit zeigt, gibt es auch eine Reihe von Gemeinsamkeiten und fließenden Grenzen. Ein gutes Beispiel dafür ist Grundtvig, obwohl größtenteils Romantiker, ist doch sein Gedankengut in hohem Maße von der Aufklärungszeit geprägt.

1. Der Romantiker

Dass Grundtvig zur zentralen Figur der Romantik in Dänemark wird, ist keine Selbstverständlichkeit, zumal er während seines Theologiestudiums 1800–1803 zum Anhänger der Vernunftidee aus der Aufklärungszeit wurde.

All das veränderte sich durch seine Erfahrungen als Hauslehrer auf dem Gut Egeløkke auf Langeland und seine unglückliche Liebe zur Gutsherrin Constance Leth. Er gewinnt ein neues Verständnis der Romantik und deren Begriffe von Gefühl, Ahnung und einer höheren Welt, die nun der Wirklichkeit zu entsprechen scheinen, in die er durch seine Verliebtheit geraten war. Dieses Erlebnis bringt seine Arbeit als Denker, Schriftsteller und Dichter entschieden voran.

 Phantasie und Gefühl gehören ebenso zu einem ordentlichen Menschen, wie der Verstand.[4]

Grundtvigs zehn Jahre älterer Vetter, der Philosoph Henrich Steffens hielt im Winter 1802–1803 eine Vorlesungsreihe über die deutsche Romantik, die für den Einzug der Romantikbewegung in Dänemark von großer Bedeutung war. Außer Grundtvig gab es unter den Zuhörern eine Reihe von nachträglich bekannten Zeitgenossen z. B. Adam Oehlenschlæger, H. C. Ørsted und Steen Steensen Blicher. In einem späteren Rückblick schreibt Grundtvig, er habe keinen Ton geglaubt und sei sehr skeptisch angesichts der vielen neuen Wörter gewesen. Wenige Jahre später erkannte er den Einfluss von Steffens und dessen Inspiration aus den Hauptideen der deutschen Romantik. Gemälde von C. A. Lorentzen 1804.

---

4 *Statsmæssig Oplysning – udkast om samfund og skole* (1834), Selskabet for Dansk Skolehistorie, K. E. Bugge und Vilhelm Nielsen, København, Nyt Nordisk Forlag Arnold Busck 1983, S. 31.

Grundtvigs Philosophie und Dichtkunst ist also wesentlich geprägt von der deutschen Romantik und deren dynamischer Geschichtsauffassung. Auch was seine Gedanken über Hochschulen und die dänische Volksmentalität betrifft, lässt er sich von der deutschen romantischen Idee und dem philosophischen Idealismus inspirieren, z. B. von J. G. Fichte (1762–1803), F. W. J. Schelling (1775–1854). Ebenso J. G. Herder (1744–1803), der eigentlich nicht zu den Romantikern zählt, wird zu einer großen Entdeckung für Grundtvig.

Dass Grundtvig die Vorstellung der Romantiker von der Möglichkeit des Menschen, zu einer ewigen Harmonie auf Erden zu finden, nicht vollständig übernimmt, liegt vermutlich an seinem theologischen Hintergrund und seiner Einstellung zum Christentum. Besonders in Grundtvigs Kirchenliedern wird deutlich, dass aus seiner Sicht der Mensch ohne Gottes Mitwirken keine Verbindung zu einer Welt im Jenseits aufbauen kann. Er war sich ganz sicher, dass bestimmte Gegensätze im Leben nicht aufzuheben sind, z. B. der Gegensatz zwischen Licht und Schatten, Tag und Nacht, Leben und Tod, Wahrheit und Lüge. Diese Überlegungen geben Grundtvigs Universum eine dualistische Prägung mit starken Gegensätzen und das bedeutet, dass er einigen Ideen der Romantiker skeptisch gegenübertritt, wie z. B. der Betrachtung der Welt als ein Organismus (Organismusgedanke) oder der Zusammengehörigkeit von Gott oder Geist mit der Natur (Pantheismus). Nicht zuletzt Schellings Idee, alle Gegensätze zu harmonisieren oder auf einem bleibend höheren Niveau aufzuheben zu wollen, wird von Grundtvig heftig kritisiert.

Dennoch kann man nicht sagen, dass Grundtvigs Universum von dem Gedanken der Harmonie in der Romantik unberührt geblieben ist. Das gilt insbesondere für sein Verhältnis zum romantischen Dichtergenie, das in verschiedenen Ausgaben seiner Werke sichtbar wird, z. B. durch den alten Dichter in *Nordens Mytologi* (Mythologie des Nordens) von 1808. Hier ist Grundtvig sehr nahe an dem romantischen Ideal. Aber nach 1810 wird er jedoch auf Grund seines lutherischen Verständnisses vom Christentum immer skeptischer gegenüber der romantischen Sichtweise über die Möglichkeiten des Dichters. Von nun an negiert er jede Vorstellung darüber, dass ein Mensch, ungeachtet der Fähigkeiten, aus eigner Kraft das Niveau Gottes oder des Weltgeistes jemals würde erreichen können. Die größte Kunst und die tiefsten Erkenntnisse können niemals nur aus der eigenen Leistung eines Menschen erwachsen, sondern sind abhängig vom Mitwirken Gottes.

> **Der Dichter, das Genie und der Prophet**
> Der Dichter oder der Skalde, der den Lauf der Welt und der Zeiten überschaut, ist eine in der Romantik häufig auftretende Figur, ebenso wie der Held und das Genie. Personen mit Fähigkeiten zur besonderen Einsicht sind auch aus der Welt der verschiedenen Religionen bekannt, z. B. der Seher, der Prophet, die Weise Priesterin, der Wahrsager oder der Schamane. Die Gemeinsamkeit dieser Gestalten und der Unterschied zu dem, was ein normaler Mensch erreichen kann, ist die Vorstellung von ihrem höheren Bewusstseinsniveau und ihr großer Einblick in die Zusammenhänge des Daseins.

Dies ist der Hintergrund auf dem Grundtvig sein Dichterideal im Laufe der Zeit zu einer prophetischen Figur entwickelt. Genau wie die Propheten im Alten Testament müsste es auch die Aufgabe des Dichters sein, Gottes Wille an das Volk zu vermitteln. Diese Denkweise hängt vermutlich damit zusammen, wie Grundtvig sich selbst mehr und mehr in seiner Aufgabe sieht. Ob er Gedichte oder Geschichte schreibt, geschieht dies mit dem wachsenden Empfinden, das Sprachrohr Gottes zu sein und von ihm Kraft und Einblick zu bekommen, um das schlummernde dänische Volk zu neuen Leistungen zu erwecken.

Caspar David Friedrich, *Der Wanderer über dem Nebelmeer,* Gemälde von 1818.
In der Romantik sind das Dunkle und das Rätselhafte zentrale Themen. Sie stehen für das Ahnungsvolle, die Sehnsucht nach einer anderen, harmonischeren Welt, in der das Dunkle und Rätselhafte tiefere Formen der Erkenntnis hüten, zu denen der Mensch im Allgemeinen nicht gelangen kann. Diese Auffassung vertritt auch Grundtvig.

1. Der Romantiker

Dieses Selbstverständnis seiner Arbeitsweise zeigt sich vor allem in den Versen seiner Kirchenlieder. Viele seiner Aussagen sind der Beleg dafür, dass er ernsthaft meint, Gott habe ihn erwählt als Initiator einer herannahenden großen Zeit des Christentums in Dänemark und dem Norden. Eine Ansicht, die sich allmählich bei seinen Anhängern, den Grundtvigianern, verbreitete und die noch heute das Bild von Grundtvig in Dänemark prägt.

Ein charakteristischer Zug in Grundtvigs Romantik ist sein Begriff der Ahnung. Der Mensch trägt in sich eine angeborene Sehnsucht nach Klarheit und Erkenntnis, die er nicht erfüllen kann, weder als Individuum noch als Menschengeschlecht, die er nur erahnen und sich stückweise annähern kann. Dieser Gedanke enthält die Vorstellung zweier Welten oder zweier Wirklichkeiten. Hinter der sichtbaren Welt existiert eine geistliche Wirklichkeit, die obendrein die wahre Wirklichkeit ist. Mit dem Gedanken der wahren Wirklichkeit liegt Grundtvig auf einer Linie mit den meisten anderen Romantikern.

Auch der von Schelling inspirierte Naturwissenschaftler H. C. Ørsted (berühmt für die Entdeckung des Elektromagnetismus), mit dem Grundtvig oft debattierte, hatte diese Idee, zum Beispiel in seinem Werk *Aanden i Naturen* (Der Geist in der Natur).

 Der Mensch ist kein Affe, der dazu bestimmt ist, zuerst die anderen Tiere nachzuäffen, und später sich selbst bis zum Ende der Welt, sondern er ist ein unvergleichlich wundervolles Geschöpf, in dem sich göttliche Kräfte kundtun sollen, sich entwickeln und durchsetzen über tausende Geschlechter hinweg, wie ein göttliches Experiment, das zeigt, in welcher Weise Geist und Staub einander durchdringen und sich in einem gemeinsamen göttlichen Bewusstsein verklären.[5]

---

5 *Nordens Mythologi eller Sindbilled-Sprog,* Kiöbenhavn, J. H. Schubothes Boghandling 1832, S. 26.

Der Unterschied besteht darin, dass Grundtvig auf einer höheren Ebene von zwei Welten spricht, in denen Geist und Natur nicht dasselbe sind. Das bedeutet nicht, dass Natur und Geist nicht in enger Verbindung stehen, sondern einfach unterschiedlich sind. Der Ausdruck, den Grundtvig für deren wechselseitiges Verhältnis zueinander anwendet, ist der des gegenseitigen Durchdringens. Dies geschieht z. B. im Menschen, der mit dem Geist in sich geboren wird, gleichzeitig aber auch Staub, Materie und Fleisch ist. Grundtvig verhält sich kritisch gegenüber einer rein materiellen oder rein geistigen Auffassung vom Menschen. Erstere macht den Menschen zu einer „Fleischwurst", letztere zu einem „Gespenst", während der Mensch doch sowohl als auch ist, meint Grundtvig, nämlich Geist und Staub zugleich.

Der Ausdruck in ihren Augen

Der Aufenthalt Grundtvigs als Hauslehrer auf dem Gut Egeløkke auf Langeland von 1805 bis 1808 setzt eine Zäsur in seiner Lebensauffassung und seinem Wirken. Er ist heftig und schmerzvoll in die Hausherrin Constance Leth verliebt, was einen Bruch seines durch die Zeit der Aufklärung von Vernunft geprägten Lebensverständnisses nach sich zieht und ihn in die romantische Dichtkunst und Philosophie führt. Im Tagebuch ist zu lesen, wie ein verliebter junger Mann, der die Herausforderungen des Lebens mit Ironie und Überlegenheit lösen will, aufgeben muss, um sich stattdessen der Macht der Liebe zu überlassen.

Durch den Text hindurch sind das gespaltene Ich und die Suche nach einer Harmonie mitten im Chaos zu erahnen, eine Suche, die ein charakteristisches Merkmal der Romantik ist.

1. Der Romantiker

Constance Leth. Sie veränderte
Grundtvigs Denken im Jahr 1805.
Gemälde von Jens Juel (vor 1803),
Privateigentum.

Auszug aus dem Tagebuch von Egeløkke, 5. Dezember 1805.

Hier sitze ich in der feierlichen Stunde der Mitternacht. Ich höre den Sturm pfeifen und die nahen Meereswellen gegen das Land poltern. Ob diese Stürme nur gesandt werden, um die Schiffe und deren Steuermänner in den Abgrund zu versenken? Nein, wer möchte denn daran zweifeln, dass jeder Windstoß zu einem notwendigen unentbehrlichen Glied in der Kette der Naturereignisse gehört?

(…)

Welche Veränderungen – äußere und innere – sind mit mir geschehen, seitdem und dadurch, dass ich hierherkam?

Als ich hierherkam, bestand meine Freude darin, mit meinem geringen Witz zu glänzen und diesen zu einer unbefugten Satire zu missbrauchen, indem ich mit meinen oberflächlichen Kenntnissen prahlen konnte, lesen und schreiben zu können, in der freudigen Hoffnung, ein berühmter Skribent zu werden. Alle anderen Freuden, die ihren Ursprung im Herzen und dessen verwundbaren Gefühlen haben, waren mir unbekannt, ich glaubte den Stoff dazu nicht zu besitzen, und freute mich darüber, denn es erschien mir, dass die mich forttrieben von meiner ehrenhaften, glänzenden Laufbahn, – die Liebe erschien mir wie ein Narrenstreich, und ich meinte, niemand außer dem schwachsinnigen Volk könnte überhaupt diese Gefühle haben – ich wünschte mir eine Heirat nur um der Gesellschaft und des Geschlechtstriebs willen und ich könnte mir ohne Wehmut denken, ohne den zu sein, der mein Gegenstück wäre, ja ich war sogar mitunter verwegen genug, mir dies, um eine Veränderung zu erlangen, zu wünschen. Wenn ich in meinen Zukunftsträumen an den Punkt gekommen war, an dem ich still als Beamter zwischen Frau und Kindern leben sollte, war ich unzufrieden. Ich hatte keine Vorstellung von häuslicher Glückseligkeit und ich glaubte, dass die Langeweile mich umbringen würde, wenn ich in einer solchen Stellung ohne Umgang mit Büchern und Männern der Wissenschaft sein müsste. Kurzum, mein Glück war abhängig von meinem Vermögen und meinem Wohnort.

Ich kam hierher. Ich las im holden Frauenauge und was waren da alle Bücher der Welt dagegen wert? Was hätte ich in ihnen finden können, das mir so lieb gewesen wäre, wie ihr Antlitz und der voller Zärtlichkeit auf mir ruhende Blick? Was ist Lektüre und Rede gegen das stumme Starren auf die Holde? Es ist wie die matte Lampe gegen die strahlende Sonne.

Was wäre mein höchster Triumph selbst als der beste Schriftsteller, gegen den sanften Druck ihrer Hand, bei dem jedes meiner Glieder vor Freude bebte, bei dem ein Himmel voller Seligkeit sich aus jeder ihrer Fingerspitzen in meine offene, schwelgende Brust zu ergießen scheint?

O! wie sehr auch das Herz blutet, wie sehr auch die Tränen über mein bleiches Kinn rinnen, bei der Erinnerung an die namenlose Freude, war ich doch unvorsichtig genug zuzugreifen. Bücher und sonst alles ruhte, nur Sie wurde mir immer teurer, immer unentbehrlicher für mein Glück. Ich merkte es kaum und fragte ich mich selbst: wie soll das enden? Dann habe ich mich beruhigt oder besser gesagt, die Frage mit einer etwas schrägen Antwort entschärft: es ist nicht das Laster, das ich suche, es ist nur der unschuldige Genuss, ohne Folgen zu hinterlassen, der mein Leben im Jetzt versüßen sollte. Oh, ich Narr, der glaubt mit einem machtlosen Wort, einem kraftlosen Willen ein Meer von Liebestropfen zurück halten zu können ... [die folgenden Seiten sind aus dem Tagebuch herausgerissen worden].

Dag- og Udtogsbøger, Gustav Albeck, Det danske Sprog- og Litteraturselskab, København, C. A. Reitzels Boghandel 1979, S. 231–232.

Liebe und Tod in der Natur

Wie entscheidend diese unglückliche Liebe für Grundtvigs Weg wurde, schildert er später in dem Gedicht „Strandbakken ved Egeløkke" (Der Strand bei Egeløkke), das in der Gedichtsammlung *Saga. Nytaarsgave for 1812* (Saga. Neujahrsgeschenk für das Jahr 1812) gedruckt, im Dezember 1811 erscheint. Das Gedicht geht auf einen Entwurf aus dem Sommer 1807 zurück, den er als Verliebter während eines Aufenthalts auf der Insel Langeland verfasst, den Inhalt hat er jedoch später überarbeitet. Das hat vermutlich damit zu tun, dass Grundtvig in den dazwischen liegenden Jahren ein anderes Verhältnis zum Christentum entwickelt.

Das erzählende Ich in dem Gedicht befindet sich mal in der Gegenwart, mal im Rückblick. Es beginnt mit der Beschreibung der idyllischen Natur auf Langeland und der Aussicht von einem Hügel aus über die naheliegenden Inseln. Die kleinen tanzenden Wellen spiegeln den Lauf der Zeit wider. Rund um den Aussichtspunkt wachsen Blumen, aber ihr Duft verheißt den Tod – vielleicht ein Hinweis auf die unzulässige Liebe zu Constance Leth. Trotz alledem dankt der Dichter Gott für den Schmerz, der in ihm die intellektuelle Kälte, von der sein Leben und Wirken bis dahin geprägt war, durch die Liebe ersetzt.

Der Schmerz lässt ihn Gott in Allem finden, jedoch geht es nicht um ein klassisch pantheistisches Gottesverständnis. Gott ist nicht eingeschlossen in die Natur, der Duft der Blumen ist giftig. Dass er aber Gott auf eine neue Weise entdeckt, schafft in ihm neue Kräfte, Schmerz und Sehnsucht zu überwinden.

Es zieht ihn nach Hause zu seinen Eltern nach Udby, aber zuerst gibt er dem Garten bei Egeløkke das Versprechen, wieder zu kommen, ehe der Sommer vorbei ist.

Der Strand bei Egeløkke

Herrliche Vielfalt der Sicht
Klar ich von hier aus seh' grünen,
über den Fluten so licht
Thurø und Taasing und Fünen.
Freundlich der Hof hinter mir
– schneeweiß sein Mauerwerk blitzet –
Steht in der Waldkranzes Zier,
seitlich von Hügeln geschützet,
hell gegen's wogende Meer.
Längs der so lieblichen Lande
Ruhig fließt's Wasser dahin.
Schön über bläulichem Strande
heben sich Inseln so grün.
Nichts sich bewegt an den Bäumen,
stille die Vogelschar schweigt;
doch kleine Wellen leis schäumen,
Zeitlauf in ihnen sich zeigt.
Dies ich so oft schon konnt' finden;

1. Der Romantiker

„Oh, hier ist's herrlich zu sein!"
Hier bei der See, der so linden,
wie auch dort drüben im Hain,
rings in den Wäldern und Wiesen,
rings auf der Höh' und im Tal,
hier wo die Wellen sanft fließen,
dort in der Burg hohem Saal.
Blumen beweglich und stille,
Wachsen so üppig im Rund,
Winters und Sommers in Fülle
Hier auf dem lieblichen Grund.
Ach! Doch die Weisen ja sagen:
Giftig ist's Blumenflor Duft;
Tod schleicht sich ein so verschlagen,
hüllt sich in würzige Luft.

Ach! Und es führn diese Kunde
Nicht allein die Weisen im Munde,
Ich bin ein Tor nur und muss
dennoch wie sie ziehn den Schluss:
Giftig ist's Blumenflor Duft,
Tod ist in würziger Luft.
Über dies Eiland im dritten
Sommer schon geh ich mit Schmerz,
lieblicher Blumen inmitten
lernte zu sterben mein Herz.
Seltsam, dass noch ich es sehe,
wenn sich die Sonn' senkt hinab,
dass sie nicht längst aus der Höhe
strahlend betrachtet mein Grab!

Doch, du, der droben du wohnest,
der über Sternen du thronest;
Ehre und Preis stets sei dir!

Dank, dass mein Herz du versehrtest!
Dank, dass du Schmerz mir beschertest!
Dank! denn Weisheit gabst du mir.
Schleier mir waren gebreitet
ums heil'ge Buch dein so dicht,
und von Sirenen verleitet
träume ich klug mich, ich Wicht.
Dumm und verblendet mein Sehen
Fand nicht das Licht aus den Höhen,
das in dem Skaldenlied ruht.
Witzigkeit, Klugheit und Kälte,
dazu ich gern mich gesellte,
Freunde sie dünkten mir gut.
Klugheit zur Tugend ich schönte,
Kälte als Ruh' riet zu ehren;
Trauer als Schwäche ich höhnte,
Spottete Fehl und Entbehren.
Keck ich die Zunge zu rühren
wagte im heiligen Haus,
kratzte die juckenden Ohren,
Spreu in den Sand säte aus.[6]

Gnädig lies Gott sich erbarmen
Über mich Elenden, Armen;
Er es durch Schmerzen mich lehrte,
dass mir ein Herz doch gehörte,
dass meine Klugheit, mein Witz
war eines Toren Besitz.
Auf riss der Geist seine Lider,
sah, dass am Abgrund er stand,
spähte nun wieder und wieder
nach einem Retter und fand –

---

6 Vgl. Mt. 13, 4–9.

wohin er sah,
Gott fern und nah:
Dichterlied zeigte ihn auf,
Weise ihn führten im Wort,
er war Mythen vom Nord
und in der Zeitalter Lauf.
Nichts jedoch bot ihn so klar
Wie's Buch der Bücher ihm dar.
Seufzend, bedrängt mein Geist stöhnet,[7]
mit aller Schöpfung sich sehnet,
bis dass in herrlicher Stund
Gott seine Töchter und Söhne
Lohnt durch die Freiheit, die schöne,
und wir mit Herz und mit Mund
„Vater! du lieber!" all singen,
„ewig wolln wir dich umringen!"
So sich stets sehnet mein Geist,
seufzend, in Ketten geschweißt.
Nun jedoch weiß er zu kämpfen,
Trauer im Sinn kann er dämpfen,
tragen das ird'sche Entbehren.

Kann – ach ja, könnt' ich mich retten
Von den mich bindenden Ketten,
stehn, wie zur Abendstund hier,
einsam mit Gott und mit mir!
Ach, doch ich Qualen muss fühlen,
kommt nicht der sausende Wind,
zaubernden Atem zu kühlen,
eh' meine Wange er find't.
Dann wird Gefahr auf mich lauern;
Doch will die Brust ich ummauern

---
7 Vgl. Rm. 8, 21–23.

Tief in dem Norden mit Eis.
Keck will die Zunge ich schwingen,
um zwischen Felsen zu singen,
Asen und Kämpen zum Preis![8]

Sonn' hat zur Ruh' sich begeben,
Sterne aufs Eiland schaun her.
Nun will ich gehen, ich will streben
Rasch über Land, übers Meer.
Auf meinem Posten
Hör ich's von Osten;
Dort ruft der Vater den Sohn.
Heimlich mit trauten
Wispernden Lauten
Ruft auch die Mutter mich schon.
Du Garten! So neugebor'n sprießend!
Mit kindlicher Freude du grüßend
Die Blumen entgegenstreckst mir.
So oft hat dein Kuss mich beglücket,
das Ruh'n dir im Arm mich erquicket,
und dennoch – nun scheid' ich von dir!
Doch weine nicht, Kind: ich komm' wieder,
bevor du zum Schlaf dich legst nieder,
und sage dir zärtlich gut' Nacht!

Schriften, S. 92 ff./„Strandbakken ved Egeløkke", *Saga. Nytaarsgave for 1812*, Kjøbenhavn, Andreas Seidelins Forlag 1811, S. 53–58.

---

8 S. u. Kap. 2.

1. Der Romantiker

Zwei Freunde wandern in der Vergangenheit

Das Gedicht „Gunderslev Skov" (Wald bei Gunderslev) von 1808 wird oft zu Grundtvigs romantischem Durchbruch gezählt und häufig mit Oehlenschlägers „Guldhornene" (Die Goldhörner) und Baggesens „Labyrinthen" (Das Labyrinth) verglichen.

Im August 1808 machte Grundtvig zusammen mit seinem Freund dem Historiker Christian Molbech einen Ausflug in den Wald bei Gunderslev in der Nähe von Sorø auf Sjælland und besichtigte dort einen Dolmen (ein tischförmig gebautes Steingrab der frühen Bronzezeit). Anschließend beschreibt Molbech den Spaziergang in der Zeitschrift *Nyeste Skilderie af Kjøbenhavn* (Neuste Schilderungen von Kopenhagen). Grundtvig ist damit allerdings nicht zufrieden, die Schilderung sei zu trocken, nüchtern und handle zu sehr von dem Ort und den beiden Wanderern, und zeigt zu wenig Gefühl für die magische Kraft des Dolmens. Drei Tage nach Molbechs Beitrag gibt Grundtvig seine Interpretation des Ausflugs in dem Gedicht „Gunderslev Skov" wieder.

Das Gedicht beschreibt eine Wanderung durch den Wald zum Dolmen,[9] der als Altar der alten nordischen Götter gilt. Die beseelte Natur erzählt durch das Gedicht von der Verbindung des Waldes mit dem Altar der Vorzeit. Überall spürt man den Geist der entschlafenen Götter und die Spannung steigt je tiefer man sich durch den dunklen Wald bewegt und dem Altar der Götter nähert. Der Pfad verschwindet unter der Grasdecke, nur wenige Spuren sind übrig, aber dann plötzlich mitten im Wald taucht der Dolmen auf …!!

Das Gedicht entstand in der romantischen Periode um 1810, als Grundtvig damit beschäftigt war, die nordische Mythologie aus den alten isländischen Texten neu zu entdecken, zu übersetzen und nachzudichten.

---

9 Steintisch oder Steingrab aus der Jungsteinzeit.

Der Dolmen im Wald bei Gunderslev. Der Archäologe J. J. A. Worsaae am Dolmen in Gunderslev 1857. Korisrup/Nationalmuseum.

Wald bei Gunderslev

Sag mir mein Wald! Was stehst du so dicht,
Was drückst Du so innig in deine Arme!
Sag mir mein Wind! Du der du schwebst so leicht,
Du, der Du so dicht zu schweben vermagst,
Über den Eichen hier;
Der starren kann dort unten hin
Durch Zweige und Laub!
Oh, Du weißt ganz sicher,
Was er umfangen hält.

In den Wipfeln der Eichen
Es rüttelt und braust,
Und da oben der Wind
So sausend er klingt,
Wie Stimmen vom Norden.
Und ich weiß wohl zu deuten

1. Der Romantiker

Das sausende Läuten
Aus dem Norden es strömt.

Dann seid Ihr das, Ihr knorrigen Eichen!
Sie säumten den Kreis der lodernden Flammen,
Das Opfer blutete auf heiligem Stein!

Oh Sonne! wie Du glühst so hoch in der Luft!
Du hast es gesehen, und Du weißt,
Dass auch der Blumen Duft
Meine flinken Schritte
Nicht könnte bremsen auf Erden;
Dass auch der See so mild
Mein Feuer nicht konnte verschlingen
Den es floh gehen Norden;
Und sobald ich auch war
Über Berg, über Tal
Mein brennender Blick
Über die Felder glitt,
Um zu finden den Fleck,
Wo Eichen so dicht
Sich dorthin sammeln
Umrankend den heiligen Ring.

Vorsicht mein Freund!
Zieh ein in den Hain!
Leicht berührest Du
Geweihte Erde!
Hier wohnen zwischen den Eichen
Des Nordens entschlafene Götter;
Süße Ruhe den Schlummernden,
Nichts stören soll der Schritte Laut!
Siehst Du die Wassertropfen fallen
So leise und still,

Jenseits im Tal?
Einst, da Asen mit Macht
Hoch über dem gewaltigen Felsenbergen,
Thronten im Saal;
Sangen sie mit tosendem Schall
Den Asen zum Preis, dem Hain zur Freude.
Nun plätscherten sie ins Tal
So stille,
Den Stein sie küssen
Auf dem sie leise
Flüsternden wiegen
Die Götter in einen noch tieferen Schlaf.

Der Hügel jenseits sich hoch erhebet,
Breiter sind der Eichen Klüfte,
Dunkler hier wird der Wald,
Der Altar der Götter ist nah.

Weg von jenem ausgetretenen Pfad!
Der nie uns zum Altare führet;
Denn wo die Schar einfällt,
Ist nicht der Götter Heim.
Hier sehe ich den Pfad sich tarnen
Von Gras bedeckt, die matte Spur
Selten durch einen Fuß betreten;
Mein mutiger Freund! Ihm wollen wir folgen.
Zum Heiligtum des Nordens
Führt nur die dunkle Spur.
Fest und genau müssen wir stieren
Der Blick kann schnell sich verwirren
Auf dem Weg zum alten Norden.
Bleib nur nicht stehn, folg' mir mein Freund!
Ich sehe immer noch die Spur.
Wie durch ein Wunder auf der Halme Rücken

Sie leicht sich abgedruckt haben,
Hier ein alter Riesenschatten
Der wohl in der Nacht entlang geschritten.
Ach! Nun verschwand die leichte Spur
Wie durch des Wortes Laute nur,
Wie durch meinen Odem weggeblasen,
Welch ein Schmerz!

Halt an mein Fuß!
Hier auf dieser Eichenwurzel!
Hoch mein Auge! hebe deine Braue
Hast Du die Gabe zu schauen,
Ach so schaue
Mutig durch den Haine nun!

Mit rollenden Tränen
Ich starre so sehr
Was erhebet sich hier!
Ach, sind es nicht des Altars bemooste Steine,
Von Eichenzweigen
So eng umschlungen?
So ist es. Ach! Ich zittre,
Ich bebe vor Lust,
Und heilige Andacht erfüllt meine Brust.
Ich eile, ich eile mit fliegendem Fuß,
Mich vor den Altar der Asen zu werfen
Und zu preisen die entschlafenen Götter.

„Gunderslev Skov", *Nyeste Skilderie af Kjøbenhavn* 1808, Nr. 101, Sp. 1597–1600.

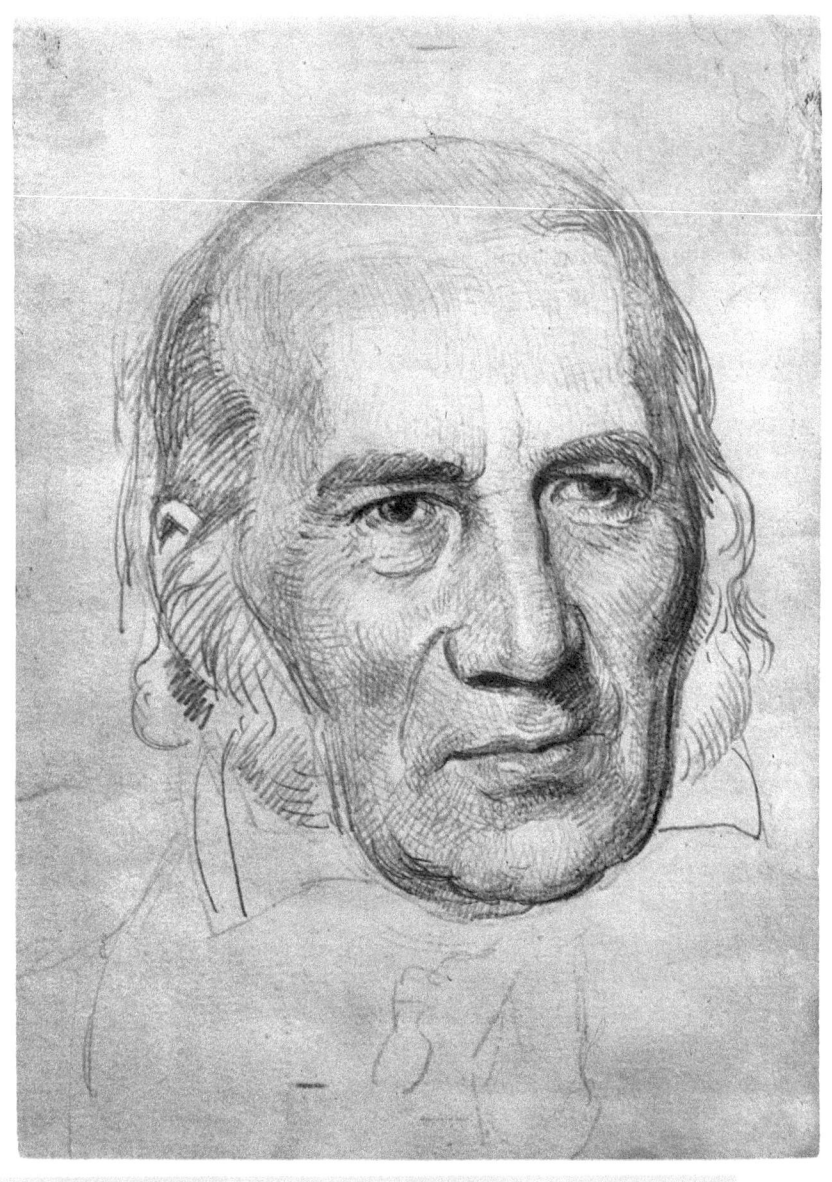

N. F. S. Grundtvig, Bleistiftzeichnung von P. C. Skovgaard, 1847.

2. Der Mythologe

 Hoher Odin! Weißer Christ!
Ausgelöscht ist beider Zwist,
Beide Allvaters Söhne.[10]

---
10 *Maskaradeballet i Dannemark*, Kjøbenhavn, Andreas Seidelin 1808, S. 19–20.

Als Grundtvig mit seiner schriftstellerischen Tätigkeit um 1810 beginnt, geschieht dies mit einem leidenschaftlichen, fast religiösen Verhältnis zur nordischen Mythologie und ihrer Lehre über die Asen bzw. die nordischen Götter. Auch die deutsche Romantik ist daran interessiert, aber Grundtvig entwickelt in seinen Vorstellungen eine eigene originale Form, die sich auch von der seiner Dichterkollegen Adam Oehlenschläger und Jens Baggesen unterscheidet.

Grundtvig ist überzeugt davon, dass die Gedanken seiner Vorväter immer noch von höchster Bedeutung seien und dass er durch Nachdichtung und Beschäftigung mit der Mythologie die tiefsten Zusammenhänge des menschlichen Lebens erahnen und aufklären könne. Seine umfangreiche Übersetzungs- und Forschungsarbeit über die Quellen des alten Nordens beginnt er mit großem, fast existentiellem Interesse.

Romantik und Mythologie
Während in der Zeit der Aufklärung die Mythologie mehr oder weniger als Ausdruck eines primitiven Weltbildes der Vorzeitmenschen betrachtet wird, erhält sie in der romantischen Bewegung einen ganz neuen Stellenwert. Dies gilt sowohl für die griechische als auch für die nordische Mythologie. In der Romantik gehört die Mythologie mit zu dem Traum vom vergangenen Goldalter und wird auf verschiedene Weise von unterschiedlichen Schriftstellern verarbeitet. Die Mythologie ist oft Gegenstand wissenschaftlicher Studien, darüber hinaus aber dient sie auch als Hilfswerkzeug in der Kunst, um ein Bewusstsein für Nationalität und Kulturerbe zu schaffen, das einen Weg zur Erkenntnis eines tieferen Daseinsverständnisses eröffnet.

Charakteristisch für Grundtvigs Arbeit mit dem Stoff der nordischen Mythologie vor 1810 ist seine bewusste Unterscheidung zwischen älteren und jüngeren Quellen. Dadurch bezweckte er, diese zu sammeln und damit eine gewisse Ordnung im Verständnis der Vielzahl von Quellen zur Mythologie zu schaffen. Diese Quellensammlung glückte ihm schließlich, durch lange Überlegungen und Studien zu der Erkenntnis zu gelangen, dass das altisländische Gedicht „Vølvens Spådom" (Die Weissagung der Seherin), über die Erschaffung der Welt und den Kampf der Götter mit den Riesen, die Voraussetzung zum Verstehen der restlichen Mythologie sei. Darin fand er den Zusammenhang, den er gesucht hatte, in der Asenlehre.

Dies war ein neuer Weg, die Mythen zu interpretieren, in dem sich Grundtvig z. B. von Oehlenschläger unterscheidet und deshalb auch dessen Studien und Dichtung wegen unzureichender Kenntnis der Mythologie kritisiert. Grundtvigs Vorstellungen waren ambitiös. Hinter allem ist der romantische Traum von der Wiederkehr des goldenen Zeitalters der Vorzeit zu spüren, samt der Idee vom Durchbruch des Genies zu einer dahinterliegenden harmonischen Ordnung.

> **Die Weissagung der Seherin, oder Völuspa**
> Ein Gedicht der älteren Eddadichtung, dessen Name sich aus der Darstellungsweise erklärt, besteht zu einem großen Teil aus der Wiedergabe der Weltgeschichte durch eine Wahrsagerin. Es wird vermutet, das Gedicht sei in Island um das Jahr 1000 entstanden, aber es besteht eine gewisse Unsicherheit bezüglich seiner Entstehung. Selbst die Darstellungen des historischen Verlaufs, von der Schöpfung über den Untergang (Ragnarok) hin bis zum Anbruch einer neuen Welt, erinnern eher an den biblischen Verlauf und deuten auf den Einfluss durch das Christentum hin.

Waren Grundtvigs Ambitionen auch groß angelegt, so waren sie doch zuletzt nicht groß genug, als dass Ende 1810 die Sache an den Nagel gehängt wurde. Dadurch änderte sich sein Verhältnis zum Christentum in der Weise, dass er als ausgebildeter Theologe und Pfarrer sich fragen musste, wie er sich nur hat hinreißen lassen können, von der Mythologie geradezu besessen zu sein. Er meint, sich einen Fehler eingestehen zu müssen und betrachtet fortan seine Arbeiten zur Mythologie vor 1810 als jugendlichen Irrtum oder mit seinen eigenen Worten als einen Asenrausch.

Nach einigen Jahren zeigte es sich jedoch, dass diese Selbstkritik nur temporär war und dass Bilderwelt und Erzählungen der Mythologie ihn erneut motivieren. Das zeigt sich besonders in seiner Dichtung, in der das Universum der Mythen wieder mit aller Kraft auftaucht und insbesondere in dem Gedicht, „Et Blad af Jyllands Rimkrønike" (Ein Blatt aus Jütlands Reimchronik) um 1815, zum Ausdruck kommt.

Nach und nach sieht Grundtvig ein, dass die Mythen Spiegelbilder des Glaubens der Vorväter sind und nicht etwas, womit man die eigene Seele rettet. Danach ist seine Arbeit mit diesen Themen entspannt und sie werden in seinen Gedichten wieder aufgenommen. Die Mythen spielen in der Geschichte der Sagen eine wichtige Rolle, weil sie im Laufe der Zeit die Geschichte beeinflussten und dies eigentlich bis in die Gegenwart tun.

In seinem Hauptwerk *Nordens Mythologi eller Sindbilled-Sprog* (Die Mythologie des Nordens oder die Sinnbild-Sprache) von 1832, das großen Einfluss auf die Entwicklung der dänischen Hochschul-Bewegung hatte, sieht Grundtvig die Mythologie als eine Quelle zum Verständnis der besonderen Charaktere verschiedener Volksstämme. So wie jeder Mensch wächst, so wächst auch jedes Volk von der Kindheit zum Alter. Die Mythologie ist der Jugendtraum eines Volkes – eine frühe Stufe in der Entwicklung, die jedoch, gerade weil sie ein Traum ist, große Bedeutung für die Entwicklung des betreffenden Volkes hat. Beispielsweise ist die nordische Mythologie ein Schlüssel, um besser zu verstehen, in welcher Weise diese Kultur den Menschen formt, aus der man als dänischer oder nordischer Mensch hervorgeht. Das gleiche gilt auch für andere Volksstämme anderen Ortes.

 die sogenannte Mythologie oder das Götterspiel jedes Volkes zeigt uns mit Notwendigkeit die höchsten Gedanken, die ein Volk über das Menschen-Leben hatte, da es natürlich sein eigenes Leben war, das es in seinen Gedanken über die Götter zu veredeln und vergöttern erstrebte.[11]

---

11 *Danskeren et Ugeblad,* Nik. Fred. Sev. Grundtvig. Tredie Aargang, Kjøbenhavn, J. D. Quist 1850, S. 247.

Grundtvig auf Sleipnir, Odins achtbeinigem Pferd.
Zeichnung von Constantin Hansen 1846.

Für Grundtvig ist der Ursprung der Mythen aus mündlichen Erzählungen von entscheidender Bedeutung. Auf diesem Terrain nähert er sich der modernen Mythenforschung und deren Verständnis von Mythen und Mythologie. Nur wenn die Mythen lebendig weitergegeben wurden, ist es vorstellbar, dass sie später weiterleben als Erzählungen und damit ein Teil des „Volks-Geistes" werden, d.h. eines Satzes von Vorstellungen, in der ein Mensch durch Kultur, Sprache und Geschichte geprägt ist. Die mündliche Überlieferung hat hier ganz einfach den Vorteil gegenüber dem geschriebenen Wort, dass sie Geistiges in dieser Bedeutung besser vermitteln kann. Tatsächlich ist es auch dieselbe Idee über die Mündlichkeit, die Grundtvig seinen Gedanken über Pädagogik und Volksaufklärung zugrunde legt.

Volksgeist erinnert an Heiligen Geist, ist aber nicht dasselbe. Der Volksgeist ist eine heidnische Voraussetzung im Volk, die aus einer vorchristlichen Zeit stammt. Grundtvig hegt große Sympathie für das Heidentum. Der heidnische Mensch oder ein heidnisches Volk ist ein Volk oder ein Mensch, der dem Christentum noch nicht begegnet ist. Aus dieser Situation heraus müssen alle Menschen so sprechen, wie ihr lokaler Volkszusammenhang ist. Grundtvig kann deshalb in seiner *Mythologie des Nordens* von 1832 selbst nur als Mensch aus dem Norden über den Geist des Nordens sprechen und so durch das Werk die nordische Mythologie und ihre Götter interpretieren, um diesem Geist einen Ausdruck zu geben. Das Leben der Helden und Götter muss in der heutigen Zeit als geistiger Kampf nachempfunden werden, den Grundtvig sich parallel zum kirchlichen und politischen Kampf und unter höchst möglicher Freiheit wünscht. Der Geist des Nordens kann niemals unter Zwang angenommen werden.

Der Glaube an die hohe Bedeutung der Asenlehre

Wie schon erwähnt arbeitete Grundtvig in den Jahren vor 1810 ausgehend von der Theorie, dass der Grundtext der ganzen Mythologie „Vølvens spådom" (von „Die Weissagung der Seherin") ist. Ausgehend davon arbeitet er sich zur Asenlehre vor. Diese Theorie bildet auch die Grundlage für das Handbuch *Nordens Mytologi eller Udsigt og Eddalæren for dannede Mænd der ei selv ere Mytologer,* (Die Mythologie des Nordens oder Übersicht über die Eddalehre für gebildete Männer die selbst keine Mythologen sind) von 1808. Der untenstehende Textauszug stammt aus diesem Buch.

> **Die Asenlehre**
>
> In Grundtvigs Ausgabe der Asenlehre, inspiriert von dem Gedicht „Vølvens spådom" (Die Weissagung der Seherin), erschafft die höchste ewige Gottheit (Allvater) die Asen, damit diese gegen die unbändige Masse (die Materie) und deren Nachkommenschaft (die Riesen) kämpfen können. Die Asen sündigen jedoch, in dem sie eigensinnig werden und sich auf einen Pakt mit den Riesen einlassen. Als Gegenzug dazu erschafft Allvater die Nornen, die das Schicksal bestimmen. Die Nornen wiederum trennen die Asen erneut von den Riesen, so dass die beiden Parteien im Streit einander letztlich durch Ragnarok gegenseitig ausrotten. Danach bricht die Zeit einer ewigen, harmonischen und sündenfreien Welt an. Dieser Gedanke ist deutlich von F. W. J. Schelling (1775–1854) geprägt.

In untenstehender Auswahl seines Werkes *Nordens Mytologi* (Mythologie des Nordens) von 1808 bekennt Grundtvig eingangs seinen Glauben an die große Bedeutung der Asenlehre, ohne den seine Beschäftigung mit der Mythologie der reine Wahnsinn gewesen wäre. Dass viele ihm nicht glauben, weiß er wohl, aber er bittet darum, den Versuch zu wagen, erst nachzudenken, bevor man ihn verurteilt, genauso wie auch er erst nachgedacht hat, bevor er gesprochen hat, d. h. bevor er niedergeschrieben hat, was im Text steht.

In den folgenden Überlegungen geht es um den Urheber der Asenlehre. Als Antwort kommt Grundtvig zu dem Schluss, dass ein alter geistreicher Dichter der Vergangenheit beim Grübeln über die Entstehung der Welt sich über sie erhoben und die unveränderliche geistige Welt erkannt hat. Als er aber danach das Bild der harmonisch herrlichen Welt sehen wollte, hat er nur Streit und Verwirrung gesehen. Ganz gleich wie lange er danach hinsah, war das Streitbild auf der Tagesordnung, ja sogar als er in sich selbst hineinschaute. Deswegen war er zu guter Letzt fast so weit, aufzugeben.

Langsam klärten sich jedoch die Dinge für ihn, als sich mit der Geburt des Ur-Riesen Ymer die Konturen der Asenlehre erahnen lassen. Der Dichter hat eingesehen, dass diese Geburt die Schöpfung der schlechten Materie selbst sei – vom Allvater unabhängig – und der Anfang für die Erklärung von Streit und Chaos in der Welt sei. Um das selbst erschaffene Leben dieser Materie zu bekämpfen, sandte Allvater nun die Kraft, die jedoch schnell von der Materie angesteckt wurde, sündigte und sich selbstständig machte, um danach wieder eine Allianz mit der Materie einzugehen. Man kann den Kampf zwischen Asen und Riesen im Hintergrund von „Vølvens spådom" (Die Weissagung der Seherin) erahnen. Die ewige Weisheit, Allvater, zerstört jedoch wieder das Band zwischen Materie und Kraft, so dass die beiden in Streit geraten. Damit ist das Rätsel des Daseins für den alten Dichter gelöst. Der Kampf zwischen den entgegengesetzten Kräften muss mit ihrer gegenseitigen Vernichtung enden. Mit der ganzen Vorahnung eines Dramas konnte der Dichter gut weiterleben und die Asenlehre für seine Brüder weiter entfalten.

2. Der Mythologe

Die Mythologie des Nordens 1808

Der Glaube an die hohe Bedeutung der Asenlehre ist fest mit meinem Wesen verwachsen, und ohne diesen Glauben müsste man das Hinstarren auf die halbverwischten Runen des Heidentums als reinen Wahnsinn bezeichnen. Dass Viele diesen Glauben nicht teilen, weiß ich, aber entweder man hört mich gar nicht, oder man hört mich ohne Vorurteil! Man schaue und denke bevor man urteilt; denn ich schaute und dachte, bevor ich sprach.

(...)

Der alte geistreiche Dichter grübelte über den Ursprung der Welt und der Zeit.

Wie jeder Mensch, in dem ein göttlicher Funke sich frei entwickeln kann, erhob er sich mit Leichtigkeit zum Ewigen empor, zu der wundersam verborgenen Quelle, aus der Alles entströmen musste. Er schaute umher mit seinem tiefen Blick, um das Bild des harmonisch Herrlichen zu finden, zu dem er sich emporgeschwungen hatte; aber was er fand, war Streit. Als Stürme die Tannen auf dem Berggipfel beugten und schäumende Wellen sich ans Klippenufer wälzten, da *sah* er den Streit; als das Brummen des Bären und der Schrei der Eule sich mit dem Heulen der Stürme und dem Brausen der Brandung vermischten, da *hörte* er ihn. In unaufhörlichem Kampf gegen die Erde, gegen die Tiere und gegeneinander, sah er den Menschen stehen, siegen und untergehen. Er hebt die müden Augen zum Himmel und sieht wie das Licht mit dem Dunkel streitet und mit sich selbst, und wie er in den Menschen, in sein eigenes Innere schaut, erscheint ihm der ganze äußerliche Kampf nur wie ein schwaches Symbol dessen, was sein Wesen einschnürt.

Sein Geist drohte damit, seine hohe Idee über Bord zu werfen und sich in Dunkelheit zu hüllen; die Anschauungen gärten weiter fort und ein Licht ging seiner Seele auf. Er sah *Ymers Geburt.*

Jetzt war alles klar. Da die wilde formlose Materie sich selbst zum Leben entwickelt hatte, konnte Allvater keine Welt, die bis in die kleinsten Teile sein eigenes Bild trägt, entstehen lassen, bevor das böse selbsterschaffene Leben ausgelöscht war.

Damit dies geschehen konnte, musste die Kraft Allvaters als eine lebendige und wirkende hervortreten. Sie war, was sie sein musste, *rein, blind* und *stumm.* Aber sie schwächte nur das Leben der Materie, statt es zu vernichten, denn weil sie offenen Auges schaute, verlor sie ihre Reinheit. Sie baute eine Welt und wollte ganz ihre *eigene* sein. Sie schloss Frieden mit der Materie und selbst die Ahnung einer werdenden höheren Harmonie musste verschwinden, insofern des Ewigen Weisheit das sündige Band nicht durchtrennen konnte, aber auch das geschah, und die Zeit wurde mit Notwendigkeit der Ausdruck des Kampfes zwischen entweihter Stärke und besudelter Kraft.

Auf diese Weise war das Rätsel des Daseins gelöst und es konnte nicht länger den Dichter verwundern, als er sah, dass die Kraft selbst, die gegen das Niedrige gestritten hatte, eher um ihrer selbst willen stritt, als für das Herrliche, dessen Verfechter sie hätte sein sollen. Auch gab er seine Idee nicht auf, denn die Weisheit, die den Kampf überwachte und steuerte, musste auch einmal sich selbst durch eine gegenseitige Vernichtung der streitenden Kräfte *als solche* aufheben. Als dann das sündige Leben der Materie ausgelöscht, als die blinde Kraft, *rein* und *willenlos,* mit der Weisheit in der ewigen Quelle erneut zusammengeflossen war, sah er den Tag aufleuchten und die Zeit sich entfalten, die nicht enden konnte und in der jeder Streit undenkbar war, weil sich Alles als Strahlen der einen Sonne erkannt werden musste.

In dieser tiefen Erkenntnis und herrlichen Ahnung lebte er und warf ohne Schmerzen die Zeit hinter sich. Zu seiner Seligkeit wollte er seine Brüder erheben und erschuf – die *Asenlehre.*

Nordens Mytologi eller Udsigt og Eddalæren for dannede Mænd der ei selv ere Mytologer, Kjøbenhavn, J. H. Schubothes Forlag 1808, S. 141–145.

Wacht auf, wacht auf ihr Helden Dänemarks

„Bjarkemaalets Efterklang" (Bjarkes Lied als Nachklang) in der Zeitschrift *Danne-Virke* (Dannewerk) von 1817 ist ein Beispiel für Grundtvigs Anwendung und freies Einbeziehen der Mythologie nach 1815. Der Text behandelt nicht die Welt der Mythologie, sondern ist eine Nachdichtung der Sagenhistorie, ergänzt durch mythologische Bilder und Vorstellungen. Das Gedicht ist ein sogenanntes Nachklanggedicht, d. h. eine Nachdichtung geschrieben wie ein Echo oder eine Antwort auf ein Gedicht oder eine Erzählung der Vorzeit. Grundtvigs Idee mit dieser Gedichtform bestand darin, der erzählten Begebenheit des alten Textes durch Neudichtung für die Gegenwart neue Bedeutung zu verleihen. Die Wiederverwendung der Bilder aus dem alten Text sollte Leser und Leserinnen in näheren Kontakt zur Geschichte bringen und dazu führen, auf diesem Hintergrund sich selbst und die eigene Gegenwart besser zu verstehen.

Die Inspiration zum folgenden Nachklang-Gedicht fand Grundtvig im altisländischen Gedicht „Bjarkemålet" (Bjarkes Lied), das in verschiedenen Textfragmenten u. a. bei dem mittelalterlichen dänischen Chronisten Saxo zu finden ist. In diesem Gedicht wird in einem Dialog zwischen den Helden Hjalte und Bjarke die Sage nacherzählt, in der der schwedische König Hjartvar gemeinsam mit seiner Frau Skuld im Königslager von Rolf Krake zu Gast waren. Skuld war Rolfs Halbschwester. Was aber nach einem friedlichen Familienbesuch aussah, war in Wirklichkeit nur die Tarnung für einen Überfall und eine Plünderung der Dänen. Dazu hatte Hjartvar eine Gruppe von Kriegern in seinem Schiff versteckt und als die Dänen ordentlich betrunken zu Bett gegangen waren, legten Hjartvar und seine Männer Feuer in Wald und Burg. Aber Hjalte (der größte unter Krakes Kriegern zusammen mit Bodvar Bjarke) kam an dem Abend spät nachhause, entdeckte was geschehen war und weckte mühsam die anderen. Jetzt wurde ein gewaltiger Kampf ausgefochten, in dem alle Dänen fielen. Alle bis auf Vigge, der im Gegenzug kurz darauf Hjartvar erschlug.

Grundtvigs Gedicht beginnt mit einer strahlenden Sonne, wo alles glänzt wie das mit Gold gedeckte Dach von Gimle, d.h. der Wohnstätte der Guten nach Ragnarok. Damit wird eine Verbindung mit dem mythologischen Ort angedeutet, die bis auf weiteres ohne nähere Erklärung bleibt. Plötzlich schlägt der Hahn mit den Flügeln und kräht eine Botschaft über das hinaus, was am helllichten Tag geschehen wird, und das ist die Aufforderung an die Dänen, wachsam zu sein. Es ist Zeit für Heldentaten. Das Gedicht in Form eines Aufrufs (Imperativ) wirkt wie aus der Gegenwart. Jetzt ist die Zeit gekommen, die dänischen Helden zu wecken, sowohl in der Vorzeit des alten Gedichts, als auch in Grundtvigs Gegenwart.

Tag und Tat
„Tag und Tat sind Riesen-Reime". Wie stark die Wirkung dieser Zeilen in bestimmten grundtvigianischen Zusammenhängen ist, sieht man daran, dass diese letzte Zeile über dem Eingang zur Turnhalle der berühmten Vallekilde Højskole steht.

Der Waffenkampf, zu dem die Dänen durch den Ruf der Lure (am Tag des Jüngsten Gerichts) erwachen, ist ein jäher Abschluss eines abendlichen Trinkgelages. Die Flammen knistern, das Feuer brennt in Burg und Wald – unter Skulds Jubel. Man fordert, dass nun die alten Könige selbst aufwachen müssen. Es gilt Rolf Krake zu beschützen. Er ist ein wahrer Held, der nichts mehr fürchtet, als von den Seinen im Stich gelassen zu werden. Obwohl er tapfer kämpft, schafft er es nicht ohne die Hilfe seiner Männer, die er vielleicht mit einem Hinweis auf den Brand, meine Glutstücke nennt. Wer wagt es, ihm zu helfen? Das tut Hjalte, der sie weckte, und Bodvar Bjarke. Sie würden helfen, auch wenn es im Ragnarok wäre, wo der schreckliche Fenriswolf sich losreißt. Es wird tapfer gekämpft, aber zum Schluss gewinnt Hjartvar und alle sterben. Aber Dänemark kann er erst behalten, wenn alle Glutstücke gelöscht sind. Ein Glutstück fehlt noch und das bedeutet, einer der Dänen hat überlebt. Es ist Vigge, der wie im Originaltext Hjartvar tötet. Zum Schluss wird die einleitende Strophe wieder aufgenommen, mit einer Änderung in der letzten Zeile, in der das Sprichwort „Morgenstund hat Gold im Mund" Anwendung findet. Hier wird angemerkt, was schon in der ersten Strophe über Gimle angedeutet wurde, dass damit die Gegenwart erreicht ist. Die Guten sind hier versammelt. Diese Gegenwart kann man sich in verschiedener Weise vorstellen. Das Lied ist oft aufgrund seiner Handlungsaufforderung als Morgenlied gesungen worden.

Skuld und Hjartvar betrachten die im Kampf gefallenen Rolf, Bjarke und Hjalte. Lorenz Frøhlich 1854.

2. Der Mythologe

Bjarkes Lied als Nachklang

Hoch steht die Sonne
Über der Bäume Wipfel
Es glitzert wie auf Gimles Dach;[12]
Uns Botschaft bringt
der Hähne Flügel,
ein Hahnenschrei am hellen Tag.
Wacht auf, wacht auf, ihr Helden Dänemarks!
Springt auf und legt die Gürtel um!
Tag und Tat sind Riesen-Reime!

Laut ist es,
Die Lure ruft
Die Krieger aus dem Morgen-Schlummer,
Pfosten knarren,
Flammen lodern,
Brennen ab den grünen Hain.
Wacht auf! Nicht von Lust erzählen,
bei Wein und Scherz in Königs-Sälen!
Hildurs Spiel[13] ist angesagt.

Wacht auf! Und schaut
Der Burg Gewölbe
In Flammen ist der Bogengang!
Es gilt der Lure Ruf,
Lejre fällt
Mit Skuldes[14] Jubelsang;
Im Walde Hjartvar Feuer legt,
Das Blatt es welkt, die Buche brennt,

---

12 Goldenes Dach der Wohnstätte der Guten nach dem Ragnarok.
13 Altisländischer Waffenkampf. Hildur, ist eine Walküre, die Tote zum Kampf erweckt.
14 Skuld, Frau des schwedischen Königs Hjartvar, Halbschwester von Rolf Krake.

Erwachen müssen Dan und Skjold.[15]
Nun auf geschwind,
für Rolf Krake
Kühn zu führen Schild und Schwert!
Vor den Flammen
Graut ihm nicht,
Doch vor dem Schein des Neidingwerks;
Ein Ring mit Glanz, ein Schwert mit Schneide
Mild reicht er der Hände beide,
Wer wagt, einen Ring um ihn zu schließen!

In seinem Heim
So ruhig und wohlig,
schlummert süß der tapfere König,
schwedische Flammen
noch kann er bezwingen
Mit seinem breiten Dänen-Schild;[16]
Doch ach! Auch wenn er steht auf Kohlen,
trifft er Zauberschwerter rundherum,
wer Wagt es, schützend ihn zu umringen!

Der, der rief;
Der wagt es, Hjalte,[17]
Das wagt der Bauernbursch aus Seeland;
Das wagt Bjarke,
Auch wenn im Lande
Der Fenris-Wolf[18] frei lief

---

15 Frühere Könige in Lejre.
16 Bezieht sich auf Rolf Krakes Besuch bei dem schwedischen König Adils. Man sagte, Rolf und seine Männer, sie fürchteten weder Feuer noch Eisen, und Adils ließ sie in der Königshalle am Ende der Bank Platz nehmen, vorauf hin ein großes Feuer auf dem Boden entzündet wurde. Als das Feuer zu stark wurde, erhob sich Rolf und sagte: Wer über das Feuer springt, flieht nicht davor, warf seinen Schild und sprang darüber, gefolgt von seinen Männern.
17 Hjalte, und Bjarke, Rolfs Männer.
18 Großer Wolf in der nordischen Mythologie, der immer angebunden ist, weil selbst die Götter ihn fürchten. Er reißt sich los im Ragnarok, als die Welt untergeht.

Die Lust ihn treibt mit seinem Löve[19]
Dem Odin gleich zu spalten;
Bodvar Bjarke schlägt gründlich zu.

Rolf kann bleich noch
Bjarke segnen,
Hjalte schwimmt in seinem Blut,
Lejres Gewölbe
In Flammen
Stürzen nieder vor Hjartvars Fuß;
Das Land, er kann es nicht behalten;
Bevor der Brand erkaltet ist,
Erschlägt ihn selbst der letzte Funke.[20]

Hoch steht die Sonne
Über der Bäume Wipfel
Es glitzert wie auf Gimles Dach,
uns Botschaft bringt
der Hähne Flügel,
ein Hahnenschrei am hellen Tag;
Wacht auf! wacht auf, ihr Helden Dänemarks!
Springt auf und legt die Gürtel um!
Morgenstund hat Gold im Mund.

„Bjarkemaalets Efterklang", *Danne-Virke. Et Tids-Skrift* 1–4, Kiøbenhavn, Schiøtz og Mandra og A. Schmidts forlag 1817. Band 3, S. 91–94.

---

19 Bjarkes Schwert.
20 Glut und Funken stehen für die letzten Kämpfer. Hinweis auf den letzten Überlebenden Vigge, der nach dem Kampf Hjartvar täuscht und ihn erschlägt.

Die Mythologie als Sinnbildsprache

Der grundlegende Gedanke in *Nordens Mythologi eller Sindbilled-Sprog* (Die Mythologie des Nordens oder die Sinnbild-Sprache) von 1832 ist das Verständnis der Mythologie als Idealvorstellung des Menschen unabhängig vom Christentum. Der veränderte Titel des Werkes von 1808 ist in dieser Hinsicht von Bedeutung, weil jedes Volk die Sinnbilder im eignen Geist, d. h. mit den grundlegenden Vorstellungsmustern und Bildern ausfüllt, die in der jeweiligen Gegenwart von Bedeutung sind.

Grundtvig ist nun nicht mehr wie noch 1808 an der systematischen Ordnung der Mythen interessiert. Man könnte dies mit den Archetypen des späteren Psychologen C. G. Jung (1875–1961) vergleichen, dem es auch um die grundlegende Veränderung von Vorstellungen geht, die einen Menschen formen können, wobei sein Zugang eher biologischer Natur ist als der Grundtvigs. Die Mythologie bedeutet für Grundtvig eine Art kulturelle Grunderzählung, nach der sich handeln ließe.

Im Textauszug aus dem Werk *Nordens Mythologi* (Die Mythologie des Nordens) von 1832 erzählt Grundtvig von der Kuh Ödhumbla und erklärt sein neues Projekt zur Mythologie. Grundtvig sagt zu Beginn des Auszugs, warum er kurzgefasst über die berühmte Kuh schreibt – wo er doch über ein derartiges Phänomen im Allgemeinen eine ganze Abhandlung zu schreiben pflegt. Der Grund ist sein mythologisches Programm. Er will diesmal (im Gegensatz zu 1808) nicht versuchen, tiefere religiöse Erklärungen des Daseins und deren Entstehung aus den Mythen abzuleiten. Stattdessen will er versuchen, die Spuren zu verfolgen, die den Blick verschiedener Völker auf das Leben des Menschen zeigen: Teils, weil Mythen die Geschichte erhellen, teils wegen der Ausbeute von mit Geist gefüllten Sinnbildern, die man daraus entnehmen kann. Je philosophischer ein Mythos ist, umso weniger ist Grundtvig daran interessiert. Er ist der Meinung, dass es die poetischen Mythen seien, die in der Geschichte Durchschlagskraft zeigten – nicht die Mythen, die den Ursprung des Lebens erklären wollten.

Das ist der Hintergrund seiner Skepsis gegenüber dem Mythos von der Kuh Ödhumbla, der sich in den alten Gedichten nicht findet, bis auf einen merkwürdigen Mythos über den Ursprung der Welt aus Frost – und Tauwetter. Grundtvig denkt dabei an den Mythos über Ginnungagap bei dem Dichter Snorre, an einen Ort, wo Wärme und Kälte aufeinandertreffen und wo Leben durch den Riesen Ymer und die Kuh Ödhumbla entsteht. Dies ist wahrlich ein seltsamer Schöpfungsmythos, ohne das zu haben, was ein wirksames Sinnbild enthalten sollte. Der Mythos ist weder nordisch, noch poetisch, und deswegen vielleicht auch dem Riesen Rimturs in den Mund gelegt worden, welches Grundtvig als Zeichen für dessen Unanwendbarkeit hält.

Zu guter Letzt eröffnet Grundtvig die Möglichkeit, der Kuh Ödhumbla auf andere Weise eine Rolle als Sinnbild für Stärke und Leben in verschiedenen Sagen und in der dänischen und griechischen Mythologie zuzuschreiben. Wenn Grundtvig auf Grund eines einzigen bekannten Mythos, in dem von Ödhumbla berichtet wird, diesen überflüssig findet, dann weil der Mythos nicht nach einem ordentlichen Sinnbild für nordisches Leben und Kraft gemacht ist, und genau das wäre für Grundtvig um 1832 das Kriterium, das benötigt wird, um den Wert eines Mythos zu bestimmen.

Die Mythologie des Nordens 1832

Die Kuh Öd-Humle

Wenn man findet, dass ich mich, in allem was ich über diese berühmte Kuh gesagt habe, zu kurzgefasst habe, obwohl ich gerade aus solchen Dingen weitläufige Abhandlungen hervorzubringen pflege, möge man beachten, dass dieser Unterschied notwendigerweise aus meinen mythologischen Grundsätzen und Zwecken fließt. Es ist nämlich weder die Religion noch der Bericht über die Schöpfung der Welt, die ich lehren oder aus der heidnischen Mythologie ableiten möchte; sondern es ist die Haupt-Anschauung des Volkes vom menschlichen Leben und was damit zusammenhängt, dies zu verfolgen bereitet mir Vergnügen, teils wegen des Lichts, durch das die Mythen eines jeden Volkes dessen Geschichte erhellen, teils wegen der Ausbeute an geistreichen Sinn-Bildern daraus. Je philosophischer also ein Mythos klingt, desto weniger beschäftigt er mich, teils weil die mythische Philosophie immer einen kindlichen Eigensinn hat, von der wenig oder nichts zu lernen ist, teils weil ein weniger poetischer Mythos auch weniger Einfluss auf das Leben des Volkes hätte.

In dieser Hinsicht ist auch bemerkenswert, dass wir in keinem der alten Lieder auch nur die geringste Spur dieser mythischen Kuh finden, und dass das ganze Philosophem über den Ursprung der Welt aus Frost und Tauwetter, nur dem Riesen *Rim-Thurs*[21] (Vafthrudner) in den Mund gelegt wird, woraus wir mit Recht schließen, dass es im Norden als das betrachtet wurde, was es war: Gottlosigkeit und des Aberglaubens Eigensinn.

---

21 Eine Art kluger Riese, dessen Name daher rührt, dass er aus Raureif entstanden war.

2. Der Mythologe

Damit will ich jedoch nicht ausschließen, dass die Kuh durchaus ein gewöhnliches nordisches Sinn-Bild für den irdischen Ursprung des Lebens sein könnte; zumal die Sage über die Kuh–Züchter: *König Ögvald* in Norwegen und *Ejsten Belja* in Schweden, so wie der Ausdruck „die dänische Kuh" in Rim-Kröniken[22] wirklich darauf hinzudeuten scheinen; aber es ist der Ursprung der Kuh aus gefrorenem Gift, den ich ebenso unnordisch wie unpoetisch finde und überlasse es Anderen sich damit zu beschäftigen.

Das einzig Bemerkenswerte an der Kuh, finde ich, liegt gerade darin, dass es eine Kuh ist; denn man weiß ja, dass der Ochse das alte Sinn-Bild für die Grundkraft des Lebens ist und die nordische Kuh entspricht ja dem Ochsen aus dem Morgenland, so wie Gefühl und Phantasie einander entsprechen, was als bemerkenswerter wahrer Ausdruck für das Natur-Verhältnis zwischen dem natur-poetischen und dem historisch-poetischen[23] Wesen eines Volkes immer ist.

„Koen Öd-Humle", *Nordens Mythologi eller Sindbilled-Sprog*, Kiöbenhavn, J. H. Schubothes Boghandling 1832, S. 249–250.

---

22 Die dänische Reimchronik enthält eine Reihe von Gedichten über die dänischen Könige, bis hin zu Christian I. Die Gedichte sind den Königen in den Mund gelegt. Die Reimchronik wurde 1495 das erste in dänischer Sprache gedruckte Buch. Grundtvig war davon sehr angetan.
23 Mit dem natur-poetischen und dem historisch-poetischen Wesen des Volkes wird auf griechische und nordische Volksgruppen hingewiesen, die Naturvölker sind. D. h. Volksgruppen mit einer natürlichen Denkweise begabt, wodurch die Mythen als poetische, prophetische Worte über die Zukunft entstehen. Griechische Mythen handeln von der Natur, die nordischen von der Geschichte.

N. F. S. Grundtvig. Kupferstich von Erling Eckersberg, 1830.

3. Der Pfarrer

 Erst einmal Mensch und dann ein Christ",
ein Hauptstück ist's im Leben!
Christentum ist das pure Glück.
wird uns umsonst gegeben, –
ein Glück jedoch, das *den* nur trifft,
der Gottes Freund im Grund schon ist,
vom edlen Stamm *der Wahrheit!*[24]

---

24 Vgl. „Erst einmal Mensch", *Schriften,* S. 795/„Menneske først", *Salmer og Aandelig Sange,* København, Karl Schønberg 1881, S. 44.

Grundtvig wurde in die Familie eines Pfarrers geboren und schon früh hatten die Eltern auch für ihn diesen Beruf beschlossen.

Von 1800–1803 studierte er Theologie und bis zu seinem Tod diente er viele Jahre als Pfarrer. Neben all den anderen Tätigkeiten, für die er sich engagiert hatte, kämpfte auch er mit Zweifeln und Fragen wie: Gibt es einen gnädigen Gott, dem man vertrauen kann? Wie soll die Gemeinde funktionieren in der ich Pfarrer bin? Zu welchen religiösen Fragen kann man überhaupt Gewissheit erlangen? Grundtvig hat diese Dinge in Zeiten in denen er darauf keine Antworten fand, als persönliche Anfechtung empfunden. Der Mangel an Erklärungen führte ihn in einige schwierige Krisen mit Depressionen und Angstzuständen. Trotzdem waren es oft genau diese Krisen, die ihn voranbrachten und ihm entscheidende Erkenntnisse bescherten.

Die erste größere Krise durchlebte er zum Jahreswechsel 1810–1811. Dafür gab es mehrere Gründe, der entscheidende aber war vermutlich das ungeklärte Verhältnis von Mythologie und Christentum, als die Aussicht, Pfarrer zu werden, plötzlich in greifbare Nähe rückte. Der konkrete Anlass war, wie schon erwähnt, ein Brief seines 76-jährigen Vaters, den er im Frühling 1810 erhielt, und in dem der Vater ihn aufforderte, sich in seiner Gemeinde als Kaplan, d.h. eine Art Hilfsprediger, zu bewerben. Auf Grund seiner geschwächten Gesundheit konnte der Vater sein Amt nicht mehr versehen. Auf diese Weise konnten Grundtvigs Eltern im Pfarrhaus weiterhin wohnen bleiben.

Diese Aussicht passte Grundtvig sicher nicht in seine Zukunftspläne, nachdem er 1805 mit der nordischen Mythologie befasst war und 1808 von Langeland zurück nach Kopenhagen ging, um dort eine Stelle als Lehrer für Geschichte und Geografie an einem Gymnasium anzunehmen. Was sollte er tun?

Grundtvig arbeitete die meiste Zeit seines Lebens als Pfarrer. Hier im Pfarrzimmer in Vartov Kirche 1868 mit Sohn Frederik an seiner Seite. Frederik war 1868 14 Jahre alt. Doch der Künstler hat ein 5 Jahre jüngeres Foto des Knaben als Vorlage benutzt. Gemälde von Christian Dalsgaard.

Sollte er sein spannendes Leben als Lehrer und Autor abbrechen, um als Pfarrer bei seinem Vater auf dem Land zu leben? Darauf hatte er keine Lust. Trotzdem hielt er als erstes seine Demispredigt, eine Art Examenspredigt, um Pfarrer werden zu können. Dann tat er etwas Merkwürdiges: Statt sich beim Vater auf die Pfarrstelle zu bewerben, versucht er es auf einer Stelle in der Nähe und bekommt zu seiner großen Erleichterung eine Absage.

Diese Absage aber verschafft ihm nicht die erhoffte Ruhe. Anhand eines teilweise erhaltenen Briefwechsels mit den Eltern, auf dem zumindest die Mutter bestand, ist zu sehen, wie Grundtvig ablehnt, sich mehr vorzunehmen und versucht, die Absage seiner Bewerbung als Gottes Wille zu erklären. In seinen Briefen gelingt es ihm jedoch nur mit Mühe, quälende Gewissensbisse zu verheimlichen. Diese schwierige Situation bringt ihn an seine Grenzen. Der Rest des Jahres 1810 wurde ein langer Kampf zwischen Schlaflosigkeit, religiösen Anfechtungen, prophetischen Erscheinungen und einem stetig wachsenden panischen Lesen der Bibel. Das Ganze endete mit einer heftigen Angstattacke im Dezember, und ein guter Freund musste ihn zu seinen Eltern nach Udby bringen. Der Freund berichtete danach, dass Grundtvig in der Nacht der Heimreise im Gasthof von Vindbyholt vom Teufel in Gestalt einer Schlange heimgesucht wurde.

Die sieben Gemeinden

Seit der Krise zum Jahreswechsel 1810–1811 beginnt Grundtvig damit, sich mehr und mehr als Prophet zu sehen. Wie diese Idee genau entstanden ist, weiß man nicht, aber es hat vermutlich mit einem im Herbst 1810 geschriebenen, merkwürdig prophetischen Text zu tun. Der Text wurde erst nach Grundtvigs Tod gefunden. Im Text erscheinen die sieben Engel der Gemeinde in der *Offenbarung des Johannes* Kap. 2–3 als Vorzei-

> chen der sieben großen Erneuerer in der Geschichte der christlichen Kirche. Fortan taucht dieser Gedanke öfter in Grundtvigs Schriften auf.
>
> In seinem großen Gedicht „Christenhedens Syvstjerne" (Das Siebengestirn der Christenheit) 1856–1860 werden die sieben Gemeinden in der Offenbarung des Johannes als das Aufblühen großer christlicher Gemeinden interpretiert, die in einem Abstand von ca. drei Jahrhunderten an verschiedenen Stellen entstehen. Diese Visionen, so merkwürdig sie auch erscheinen mögen, sind eine Art poetische Prophezeiung, die etwas über Grundtvigs Arbeitsweise aussagt: Nämlich, dass er durch die Arbeit mit der Geschichte, der Poesie und der Bibel, zu einer Klarheit über den Begriff des Christentums zu kommen versucht. Nur wenn das Christentum als etwas verstanden werde, das durch die Geschichte in die Gegenwart getragen werde, könne man an seine Echtheit glauben, sagte Grundtvig.

Sein nervlicher Zusammenbruch hat seine Haltung zu Kirche und Christentum verändert. Er sah ein, dass er hochmütig und selbstsüchtig, ja in gewisser Weise verwirrt gehandelt hatte, sich jetzt aber seiner Lebensaufgabe widmen müsse, Gott zu dienen. Deswegen bewarb er sich nun doch auf die Hilfspredigerstelle bei seinem Vater und bekam die Zusage, soweit man weiß, mit Hilfe der Verwandtschaft aus der Familie.

> **Die Aufgaben eines Pfarrers zu Grundtvigs Zeit**
> Mit seiner Anstellung in Udby änderte sich Grundtvigs Leben. Ab jetzt war er für die Gottesdienste und das kirchliche Leben verantwortlich, musste sich aber auch einer Menge anderer Aufgaben stellen, die damals zum Beruf des Pfarrers gehörten. In der damaligen Gesellschaft gehörten Pfarrer zu einem wichti-

> gen Teil der staatlichen Administration und Verwaltung und hatten eine entscheidende Funktion in der Kommunikation zwischen Staat und Bürger. Dies war besonders auf dem Land wichtig, denn hier wohnten um 1800 fast 90 % der dänischen Bevölkerung, und die Pfarrer waren oft die einzigen Personen mit einer längeren Ausbildung. Es gab also sehr viele Aufgaben, die man heute mit dem Pfarrdienst nicht mehr verbinden würde: das Führen der Kirchenbücher, die Registrierung der Geburten und der Todesfälle und darüber hinaus z. B. die Beaufsichtigung der Schüler, die Kundgabe über Gesetzgebungen, über Krieg oder Frieden, neue Anbaumethoden in der Landwirtschaft, Leitung der Armenversorgung, Impfungen gegen Pocken und Eintreibung von Steuern. Viele spätere Gedanken Grundtvigs über Volksaufklärung stammen aus der Erfahrung, die er schon als Pfarrerskind und später als junger gewissenhafter Landpfarrer gemacht hatte.

Die Krise von 1810–1811 bedeutete für Grundtvig eine Art Kehrtwende. Die Antwort auf die große Frage nach dem Dasein sucht er jetzt nicht mehr in der nordischen Mythologie, sondern in der Geschichte des Christentums und der Bibel. Seine ihm eigene existentielle Leidenschaft behält er bei, setzt sie jedoch an einer anderen Stelle ein. In den kommenden Jahren versucht er von der Bibel aus, die Weltgeschichte als Gottes Plan für die Menschheit darzustellen. Obwohl ihn einzelne dabei unterstützten, hatte er nicht viel Erfolg mit diesem Vorhaben.

Seine Arbeitsform widersprach dem kritischen Stil seiner Zeit im Umgang mit der Bibel und seine groben Vorwürfe gegen den mangelnden Glauben Anderer konnten nicht dazu beitragen zu verstehen, was er eigentlich wollte. Im Gegenteil, er geriet in heftige Debatten mit einer Reihe von Zeitgenossen, die ihn für verrückt und fanatisch hielten, u. a. der später berühmte Wissenschaftler und

Physiker H. C. Ørsted (1777–1851). Grundtvig beharrte dennoch auf seiner Sicht der Dinge. Die Wahrheit über die Einrichtung der Welt, der Geschichte und der Zukunft musste, so wie Luther es drei Jahrhunderte davor behauptet hatte, in der Bibel zu finden sein. Dies sei durch die moderne Wissenschaft nicht anfechtbar.

Hartnäckig weigerte er sich, die kopernikanische Wende des Weltbildes zu akzeptieren, in der die Sonne das Zentrum des Universums ist und nicht die Erde. Auf diesem Hintergrund werden seine Ansichten heute von einigen für ein Beispiel des sogenannten Bibel-Fundamentalismus gehalten. Es ist jedoch umstritten, ob es Sinn macht, diesen Begriff auf Denker der Vergangenheit anzuwenden.

 ... all meine Schriften aus der Zeit drehen sich um den einfältigen Glauben an die Schrift, als das offenbarte *Wort Gottes,* und dem daraus fließenden Glauben an *Jesum Christum,* als das einzige Mittel zur Seligkeit des sündigen Menschen. Über diesen Teil meiner Laufbahn geben all meine Schriften im Grunde jede Aufklärung, die ich geben kann; denn wer, nachdem er sie gelesen hat, zweifelt daran, dass *ich gesprochen habe, weil ich glaubte ...*[25]

Mit den Jahren konnte Grundtvig nicht an dieser biblizistischen Weltauffassung festhalten. Nach dem Tod seines Vaters war er wieder nach Kopenhagen gezogen, hatte dort aber keine Anstellung als Pfarrer gefunden. Stattdessen beschloss er, als Übersetzer und Historiker zu leben. Der große Wendepunkt kam, als er 1821 wieder eine Pfarrstelle in der kleinen Stadt Præstø südlich von Kopenhagen bekam. Nun stand er wieder jeden Sonntag vor einer Gemeinde, was Anlass war für erneute Überlegungen zu sei-

---

25 „Brevveksling mellem Nørrejylland og Christianshavn", *Nik. Fred. Sev. Grundtvigs udvalgte skrifter,* Holger Begtrup, Band 4, København, Gyldendalske Boghandel Nordisk Forlag 1906, S. 232–233.

nem Standpunkt, gefolgt von neuen Zweifeln und Unsicherheit. Es schien, als würde die neue Verantwortung ihn herauszufinden zwingen, wie er sich zur kritischen Bibelwissenschaft der Aufklärungszeit verhalten sollte – eine Überlegung, der auch heute alle Pfarrer ausgesetzt sind: Inwiefern ist die Bibel ein autoritativer Text in der Kirche, wenn man gleichzeitig von der modernen Quellenkritik her ein Fragezeichen an die Glaubwürdigkeit eben dieses Textes setzen muss?

Die Theologie in der Zeit der Aufklärung

Im 18. und 19. Jhd. war die Theologie gezwungen, sich mit dem modernen Bewusstsein zu beschäftigen, d.h. mit der Tatsache, dass der moderne Mensch nur das anerkennt, was die Vernunft akzeptiert. Als Konsequenz daraus verlagerte sich die theologische Hauptfrage nach der Erlösung des Menschen in die Frage nach dem Verhalten des Menschen angesichts der gesellschaftlichen Veränderungen und der neuen Denkweise. Die Theologie wurde fortan von dem Gedanken über den Nutzen und Sinn der Gemeinschaft geprägt, mit Jesus als moralischem Vorbild. Man wollte die Dogmen der christlichen Tradition, die gegen die Vernunft stritten, loswerden, z.B. die Dreieinigkeitslehre oder die Lehre von Jesus als Gottes Sohn. Darüber hinaus bewirkte die wachsende quellenkritische Wissenschaft, dass es in steigendem Maße schwierig wurde, das Weltbild der biblischen Texte zu akzeptieren. Ergaben diese Texte noch Sinn? Auf dänischem Terrain versuchten Grundtvig und Søren Kierkegaard in verschiedener Weise das Problem anzugehen: Grundtvig indem er auf die Tradition der Kirche als eine Wirklichkeit hinwies, die dem einzelnen Menschen vorausgeht, Kierkegaard, indem er den existentiellen, nicht historischen Zugang des Individuums zu den Bibeltexten hervorhob.

Durch diese Fragestellung kam Grundtvig zu der Einsicht, dass Kirche und Christentum auf keinen Fall mit der Bibel stehen und fallen, und es stellte sich die Frage, wie wahr das Christentum überhaupt ist, und gegebenenfalls, wo es zu finden wäre, wenn man die Bibel nicht zu Grunde legen kann. Es schien ihm, als habe noch niemand im Ernst sich zu diesem Problem geäußert. Erst nach langen Überlegungen und inspiriert durch umfassende Studien über Irenäus (ca. 130–200), einen Bischof der Alten Kirche, kam er zu dem Schluss, dass die Antwort nur in der lebendigen und gläubigen Gemeinde zu finden sei und nicht in der Bibel. Dies ist es, was als Grundtvigs „unvergleichliche Entdeckung" gilt. Die Entdeckung war, dass die Kirche nicht mit der Bibel steht und fällt, sondern dass das, was sie gleich von Beginn an mit Leben erfüllte, die Anwesenheit Gottes als Heiliger Geist überall im Glaubensbekenntnis, bei der Taufe und im Abendmahl war und zwar mit der Garantie, dass die gehörten Worte, die Worte Gottes waren.

Einige haben dies einen kultischen Zug in Grundtvigs Gottesdienstverständnis genannt. Grundtvig selbst war der Ansicht, dass er damit das wahre Christentum entdeckt habe, und dabei herausfand, wie es sich im Laufe der Geschichte fortgepflanzt hatte. Später entwickelte er mit einigen Anhängern die historisch unhaltbare Theorie, dass Jesus das Glaubensbekenntnis seinen Jüngern übergeben habe und sie es danach an die Kirche weiter gereicht hätten, wo es seither zu hören sei.

Irenäus (ca. 130–200)
Grundtvigs Theologie nach 1823 war in wichtigen Punkten von der Lektüre des Irenäus von Lyon, Bischof und Theologe der Alten Kirche. Irenäus inspirierte ihn sowohl zur Theorie über die Bedeutung des Glaubensbekenntnisses in der Kirche, als auch

> zur Vorstellung des christlichen Lebens als Wachstum. Außerdem blieb Irenäus' Betonung der Auferstehung des Fleisches im Kampf gegen die Gnostiker, die behaupteten, dass alles Leibliche und Schöpferische schlecht war, ein wichtiges Glied für Grundtvigs Verständnis vom Leben des Menschen auf der Erde.

Diesen neuen Gesichtspunkt präsentiert Grundtvig zum ersten Mal öffentlich in einem kleinen Buch mit dem Titel *Kirkens Gienmæle* (Gegenrede der Kirche) mit einer harten Kritik an Theologieprofessor H. N. Clausen (1793–1877), der gerade ein neues Buch herausgegeben hatte. Grundtvig bestand darauf, dass Clausen genau die Fehlentwicklung in der protestantischen Theologie repräsentiere, mit der er abrechnen möchte und er bezichtigt Clausen mit groben Worten als widersprüchlich und ketzerisch. Es kam zu einem heftigen Nachspiel, denn Clausen erhob Anklage gegen Grundtvig auf Grund seiner Beschuldigungen. Grundtvig kündigte seine Anstellung als Pfarrer und verlor vor Gericht mit dem Urteil, das ihn ab 1826 unter eine lebenslange Zensur stellte. Das hieß, alles was er fortan schreiben sollte, musste von der Polizei genehmigt werden, bevor es veröffentlicht werden konnte.

Diesem Urteil zum Trotz begannen die Dinge, sich allmählich zu ändern. Dies beruhte auf einer zunehmenden Anhängerschar, dem freundlich gesinnten Königshaus und der Vermutung, dass er weniger Rebellion verursachen würde, wenn er in der Kirche statt außerhalb ihrer wäre. Im Jahre 1832 erhielt die erste Grundtvig-Gemeinde die Erlaubnis, in der Deutschen Kirche Fredericks Abendgottesdienste jedoch ohne Taufe und Abendmahl, abzuhalten. 1837 wurde für Grundtvig die Zensur wieder aufgehoben und 1839 wurde er zum Pfarrer in der Vartov Hospitalkirche ernannt, wo er bis zu seinem Tod 1872 eine große Gemeinde um sich versammeln konnte.

Nach einem Besuch in der Vartov Kirche in Kopenhagen 1872 verfasste der englische Literat Edmund Gosse eine anschauliche Beschreibung der kultartigen Stimmung um den alten Propheten Grundtvig. „Er ähnelte einem Troll aus einer Höhle in Norwegen; er hätte Jahrhunderte alt sein können (...) schließlich stieg er auf die Kanzel und begann zu predigen; mit seiner toten Stimme warnte er uns vor falschen Geistern, und jeden Geist zu prüfen, ob er auch von Gott stamme. Er arbeitete hart an seiner Sprache, die langsamer und undeutlicher wurde, mit längeren Pausen zwischen den Worten – wie eine Uhr, bevor sie stehen bleibt. Er sah übernatürlich aus und nicht so richtig christlich." Edmund William Gosse: *Two Visits to Denmark – 1872, 1874,* London, Smith, Elder & Co 1911, 78–87.
Fotografie von Ad. Lønborg, 1872.

Die große Anhängerschaft, die ihm nach 1825 folgte, war seinen Kirchenliedern, seiner charismatischen Persönlichkeit und seinem Verständnis von Christentum geschuldet, von dem sich viele angezogen fühlten. Es war die Rede von einer höheren Einschätzung des Menschen und des Daseins, als man es sonst in der lutherischen Kirche findet. Grundtvig zufolge hatte Gott den Menschen nach seinem Ebenbild geschaffen und mit der Begabung, zu noch größerer Ähnlichkeit mit ihm zu wachsen.

Durch den Sündenfall ist der Mensch in die Gewalt des Teufels gefallen und hat jene Begabung verloren, indem er aber zum Christentum findet, wendet er durch die Taufe dem Teufel wieder den Rücken zu. Infolgedessen können Gott und Mensch eine neue Abmachung eingehen, mit der der Mensch neu in das Leben gesetzt wird, für das er erschaffen wurde. Auch in diesem Punkt zeigt sich der Einfluss von Irenäus und steht in gewisser Weise im Gegensatz zu der lutherischen Tradition.

 ...das *angeborene* und das *wiedergeborene* Menschenleben (...) sind so himmelweit voneinander unterschieden (...) auf der anderen Seite ist es doch immer *dasselbe* Menschenleben von dem wir reden, mit denselben Gesetzen und ursprünglichen Eigenschaften, denselben Lebenskräften und Kennzeichen, so dass das Menschenleben in seiner allerdunkelsten, allerärmsten und allerunreinsten Gestalt doch im Grunde von derselben Art ist, wie das Menschenleben in seiner allerreichsten, allerreinsten und allerdeutlichsten Gestalt, so dass – um alles mit einem Wort zu sagen – der Räuber am Kreuz dasselbe Menschenleben mit Gottes eingeborenem Sohn, unserem Herrn Jesus Christus, gemein hatte ...[26]

---

26 Vgl. *Schriften*, S. 784/*Kirkelig Samler*, Band 3, Kjøbenhavn, Iversens Forlag, 1857, S. 198.

Für Grundtvig – wie oft in jener Tradition – war hier nicht davon die Rede, dass der Mensch durch die Taufe ein anderer werden, ein neues Leben bekommen oder durch die Taufe neu erschaffen würde, sondern von einer Befreiung des Menschenlebens aus den falschen Händen. Deshalb war es für Grundtvig bei der Taufe von großer Bedeutung, die Absage an den Teufel beizubehalten, was viele seiner Zeitgenossen für unvernünftig und veraltet hielten. Unter anderem ist dies der Grund dafür, dass auch heute noch in der Dänischen Kirche die Absage an den Teufel in der Taufe geleistet wird. Im Ausland hingegen ist dieser Teil aus dem Taufbekenntnis vielerorts gestrichen worden.

Im Gegensatz zu anderen lutherischen Theologen – beispielsweise seinen beiden großen Vorgängern als Dichtern von Kirchenliedern, Kingo (1634–1703) und Brorson (1694–1764) – war Grundtvig nicht der Meinung, dass der Mensch an dem Sündenfall Schaden genommen hatte, sondern eher in einen Stillstand im Wachstum zur Vollkommenheit versetzt worden war. Grundtvig verstand die Taufe sozusagen als Angebot, um wieder im Glauben, in Hoffnung und Liebe zu wachsen und damit näher an Gott und sein ewiges Reich heranzuwachsen. Hier geht Grundtvigs Optimismus auf und ab. Manchmal kann er begeistert von der Nähe des Reichs Gottes sprechen, ein andermal stellt er fest, dass der Mensch trotz seines wachsenden Christenlebens in diesem Leben nicht sehr weit kommen wird. Grundtvig hat diese Gedanken in seinem theologischen Hauptwerk *Den christelige Børnelærdom* (Die christliche Kinderlehre), 1855–61 formuliert, wo sie zur Diskussion mit Søren Kierkegaard beitrugen, aber auch in seinen Kirchenliedern kamen sie in hohem Maße zum Ausdruck.

Der Rahmen für das Wachstum des christlichen Lebens, so Grundtvig, sollten die Gemeinde und die Gottesdienste in der Kirche sein. Hier, wo Gott und Mensch miteinander sprechen. Den Glauben bekommt man in der Taufe, die Hoffnung im Gebet und der Pre-

Die Grundtvig-Kirche wurde 1920–40 erbaut und schrittweise in Gebrauch genommen. Für Grundtvig zählte in erster Linie die Gemeinde und nicht das Gebäude oder die Institution. Gleichwohl wurde eines der größten Kirchengebäude Kopenhagens nach ihm benannt. Man sagt, es seien ebenso viele Backsteine im Gebäude, wie Wörter in Grundtvigs Schriften. Die Verbindung zu Grundtvig spiegelt sich auch in der symbolischen Orgelarchitektur des Turmes und markiert damit die Bedeutung seiner Kirchenlieder.

digt, die Liebe in der Gemeinschaft beim Abendmahl. Zum Dank antwortet der Mensch mit einem Lobgesang, d. h. einem Kirchenlied. Grundtvig stellt sich vor, dass darin der Mensch bestärkt werden würde, sein Leben in Übereinstimmung mit Gottes Willen zu leben. Nur in Verbindung mit der Gemeinschaft der Kirchenmitglieder ist es für Grundtvig möglich, sich ein christliches Leben vorzustellen, in dem die Gemeinde als Ganzes allmählich an Stärke, Wahrheit und Liebe gewinnt und so auf den Weg zur Ankunft des Reichs Gottes geleitet wird.

Grundtvigs Examens- und Skandalpredigt

Um als Pfarrer zu arbeiten, musste Grundtvig eine Demispredigt, d. h. eine Examenspredigt für das Pfarramt halten, die am 17. März 1810 in Regensens Gemeindesaal im Zentrum von Kopenhagen stattfand. Grundtvig bekam die höchste Benotung für seine Predigt, als er aber danach beschloss, sie zu veröffentlichen, fühlten sich viele von Inhalt und Titel provoziert. Der Titel hieß: Warum ist das Wort des Herrn aus seinem Haus verschwunden?

Eine kleinere Gruppe von Pfarrern klagte sofort offiziell, dass sie beschuldigt würden „gewissenlos, feige, von Hochmut geblendet, Wahrheits- und Religionsverräter, niedrige Heuchler und vorsätzliche Volksbetrüger" zu sein. Es wurde allerdings nur ein kleinerer Rechtsstreit daraus, der damit endete, dass der König die Universität damit beauftragte, Grundtvig zurechtzuweisen.

Der Auszug aus der Predigt weist schon auf Grundtvigs Weg in die Pfarramtspraxis hin. Sein religiöser Gesichtspunkt ist unsicher und theoretisch, trotzdem ist die Predigt ein Versuch für die Sache der lutherischen Kirche einzutreten. Grundtvig betont hier, dass der Mensch nicht selbst die Brücke zur Ewigkeit bauen kann. Dieser Gedanke wird nach 1810 in seinen Schriften viel Raum einnehmen: Gott hat sich ein einziges Mal an die Menschen in der Form seines Sohnes Jesus Christus gewandt, und deswegen sollte man auf seine Worte in der Kirche hören – und nicht auf die der Menschen. Und dennoch tut man Letzteres.

Die Predigt vermittelt eine kritische Haltung gegenüber jeglicher Vorstellung davon, dass der Mensch durch eigene Vernunft oder Leistung sich in Kontakt mit einer ewig jenseitigen Welt bringen oder sich selbst erlösen könnte. Die Predigt ist auf diese Weise eine Kritik an der Epoche der Aufklärung und in dieser Hinsicht auch an den Vorstellungen der Romantik. Sie ist gleichsam eine Aufforderung, zu seinem Glauben zu stehen, ungeachtet dessen, was der Zeitgeist sagt. Tut der Mensch dies, wird Gott ihm den Weg in sein Reich zeigen.

Warum ist das Wort des Herrn aus seinem Haus verschwunden?

Und nun unsere Kirchen, ich sage unsere, denn christlich sind sie nicht mehr, was ist wohl dort zu hören? (...) Das Wort des Herrn ist aus seinem Haus verschwunden, denn wenn es dort auch erklingt, ist es nicht das, was man hört, und nicht das, was ausgelegt und eingeschärft wird (...)

Warum ist das so? Warum verhüllen die, die sich Christi Diener nennen, das Licht, das er entzündet hat?[27] Brauchen die Menschen es nicht mehr; haben sie vielleicht selbst vom Verstand erleuchtete Augen bekommen, um den Weg der Rechtfertigung zu erkennen, haben sie die Stärke, um auf ihm zu wandern mit festem Schritt, mit Stärke gegen die Verlockungen der Sünde?[28] Brauchen sie nicht eher die Barmherzigkeit Gottes zum Trost in Gefahren, Leiden und Tod? (...)

---

27 Vgl. Mt 5, 4–16.
28 Vgl. Gen 3,3–5. Grundtvig liegt hier mit der Lehre über Sünde und Rechtfertigung auf einer Linie mit der lutherischen Tradition.

3. Der Pfarrer

Sehr verschieden ist der äußere Zustand, in dem sich die Diener des Wortes unter uns befinden, von jenen heiligen Aposteln und all jenen, die das Christentum in den ersten Tagen verkündeten. Durch Not und Verfolgung mussten sie sich vorankämpfen, zwischen Städten und Ländern, aus Synagogen verjagt und auf Marktplätzen gesteinigt. (…) Wir [dagegen] stehen unter christlicher Obrigkeit (…)

Sind wir hingegen selbst Christen, fühlen wir uns von der Überzeugung durchdrungen, dass die heilige Lehre Jesu Christi (…) als einzige die ängstigenden Zweifel des Verstandes zu besänftigen und das kummervolle Herz, zu trösten vermag, und den Menschen beständig durch Versuchung und Widerwärtigkeit auf dem schmalen Pfad zur Gerechtigkeit und Heiligkeit leitet: oh, da lasst uns nicht missmutig fragen: Wer glaubt unserem Wort? Sondern voller Vertrauen mit dem Apostel ausrufen: Der Glaube kommt vom Hören und das Wort Gottes ist das, was wir hören sollen! Lasset uns mannhaft schwingen das kräftige Schwert dieses Wortes gegen Sünde und gegen Unglauben, ohne auf den leichtfertigen Spott der Zeit zu achten, ohne deren Mitleid zu fürchten, die von sich glauben, klug zu sein! (…).

Hvi er Herrens Ord forsvundet af hans Hus? København, C. Dahlen 1810, S. 9–24.

Romantik und Christentum

„De Levendes Land" (Das Land der Lebendigen), 1824, ist einer der berühmtesten Texte Grundtvigs. Besser bekannt ist der Text besonders in der verkürzten Fassung des Kirchenliedes „Oh Christlichkeit".[29]

Das Gedicht zeigt Grundtvigs schrittweise Auseinandersetzung mit dem romantischen Traum von der Möglichkeit des Menschen und des Dichters, die Harmonie der Ewigkeit in der irdischen Welt zu finden. Das paradiesische Ewigkeitsland vom Anfang des Textes kann nicht festgehalten werden. Würde der Skalde versuchen, es neu zu erschaffen, wäre es vergebens. Dahin zu gelangen, setzt christlichen Glauben, Hoffnung und Liebe voraus, die in den letzten sieben Strophen des Textes eine Brücke zwischen Himmel und Erde bauen.

Trotzdem ist die Bildersprache der Romantik, von Eisgang, Totenstätte, Skalden und Natur in höchstem Maß noch immer daran beteiligt, die Welt des Gedichts zu formen. Das Gedicht ist im selben Versmaß, und als Gegenstück zu Kingos Kirchenlied „Kjed af verden og kier ad Himlen" (Der Welt überdrüssig und dem Himmel zugewandt) geschrieben, besser bekannt als „Far, Verden, far vel" (So fahre Welt, lebe wohl) gedacht.

Während Kingo einen scharfen Unterschied zwischen dem Himmel und der Erde als Jammertal macht, ist Grundtvig der Meinung, Gottes Reich sei auf der Erde zu finden. Das Land, das am Anfang des Gedichtes steht und nicht festgehalten werden kann, erscheint im zweiten Teil des Gedichts wieder mit den Lebenserfahrungen der Liebe, von der das Christentum spricht.

---

29 Zu den verschiedenen Fassungen vgl. „Jeg kender et land" (Ich kenne ein Land), *Schriften*, S. 166 ff.

Das Land der Lebendigen

Oh, herrliches Land
Wo das Haar nicht ergraut und es Zeit nicht gibt,
Wo Sonne nicht brennt und Wellen nicht schlagen,
Wo Herbst den blühenden Frühling umfängt,
Wo Abend und Morgen sich drehen im Tanz
Mit Mittages-Glanz!

Lebensseliges Land
Wo das Stundenglas nicht rinnt mit Tränen oder Sand
Wo nichts man vermisst, das zu wünschen wert ist,
Wo bloß fehlt, was diesseits schmerzte,
Sucht jeder Mensch mit Sehnsucht in der Brust
Deine lächelnde Küste!

Verheißenes Land!
Gegrüßt sei der Morgen am spiegelklaren Strand,
Wenn das Kind wohl schaut Dein Gleichnis so schön,
Und Träume man findet im Walde so grün,
Wo das Kind mit Blumen und Schilf teilt
Sein Lächeln und Leben!

Oh, flüchtiger Traum
Von einer Ewigkeits-Insel im Strom der Zeiten,
Vom Tempel der Freude im Tal der Tränen,
Vom Leben der Halbgötter im Reich der Sterblichen,
Mit dir ja den Meisten in Nu auch entschwand
Der Lebenden Land![30]

---

30 Vgl. Ps 27, 13.

Oh, täuschender Traum,
Du schimmernde Blase auf dem Strom der Zeit,
Umsonst dich der Schalde mit Mund und mit Kiel,
aus Schatten will mahlen in blendendem Stil;
wenn 's Abbildrecht ähnelt, der Arme schluchzt laut,
der starr derauf schaut.

Verzaubernder Traum
Von Ewigkeits-Perlen im Strom der Zeit,
Die Armen du narrst, die suchen umsonst,
Des Herzens Begehr in Bild und Kunst,
und halten für ewig, was sicher vergeht,
Wie Stunden und Jahre!

Oh, Geist der Liebe!
Lass kindlich mich küssen die strahlende Hand.
Du reichst sie vom Himmel zur Erde hinab,
Berührst unser Auge mit Fingern aus Gold,
Und bläulich erhebt sich hinter dem tosenden Strand
Das herrliche Land!

Oh, himmlischer Name!
In deinem Namen hältst du uns heilig umfangen,
Dein reiner Geist kann berühren den Staub,
Und macht lebendig das welke Laub,
Oh lass mich knien nieder in meinen Lehm,
Dass nur Gott könnte mich sehn!

Oh, Wunder-Glaube!
Der über die Tiefe die Brücke uns schlägt,
Dem Eisgang trotzt am tosenden Strand,
Vom Reich der Sterblichen zu der Lebendigen Land,
Setz dich tiefer zu mir, du hochgeborener Gast!
Dass Freude du hast!

3. Der Pfarrer

Beschwingte Hoffnung!
Du Bruder Gottes, wiedergeboren in der heiligen Taufe!
Für viele Reisen zum Land hinter dem Meer,
Für gute Zeiten, für den Trost den du gibst,
Lass mich dir danken, dass Freude ich sehe,
wo keine Hoffnung mehr ist!

Oh, Liebe selbst!
Du ruhige Quelle der Kräfte Fluss,
Er nennt dich Vater, der uns vom Bann des Todes erlöst,
All Lebenskraft der Seele ist deines Geistes Funke.
Dein Reich ist, wo man dem Tode trotzt,
Es komme zu uns!

Unser Vater so hold!
Du willst thronen im Tempel aus Erde,
Den der Geist durch des Mittlers Namen erbaut,
mit rauchendem [Opfer-]Altar umfängt der Mensch
ein Himmelslicht im Haus und ein Knistern im Verborgenen
Für Dich und deinen Sohn!

Oh, christlicher Glaube!
Du schenkst unserem Herzen, was die Welt nicht weiß,
Was nur schwach wir erkennen im Blau des Auges.
Es lebt in uns, das spüren wir wohl,
Mein Land, sagt das Leben, ist Himmel und Erde,
Wo Liebe wohnt!

Hg. von Christian Thodberg nach der Reinschrift der ersten Fassung in Ettrup, Flemming u. a. *De Levendes Land. Grundtvig 1984, København,* Danmarks Biblioteks Forening 1984, S. 9–41.

Die Kirche

In der Schrift, *Kirkens Gienmæle mod Professor Theologiæ Dr. H. N. Clausen* (Die Gegenrede der Kirche gegen Professor der Theologie Dr. H. N. Clausen) 1825, hat Grundtvig zum ersten Mal seine neue Sicht auf die Kirche vorgelegt und nutzt dies gleichzeitig als Anlass zu einem Angriff auf Clausen und dessen neues Buch *Catholicismens og Protestantismens Kirkeforfatning, Lære og Ritus* (Die Kirchenverfassung, Lehre und Ritus des Katholizismus und Protestantismus).

Für Grundtvig lag das Problem von Clausens Buch im Versuch, den Protestantismus über den Katholizismus zu stellen. Clausen meinte, der Katholizismus baue auf die christliche Tradition und die zufälligen Beschlüsse der Kirche, die Kirche im Protestantismus hingegen setze allein auf die Bibel und versuche über die Bibelforschung zur Lehre Jesu' zu finden. Damit wollte Clausen an dem lutherischen Gedanken festhalten, der die Bibel als Grundlage der Kirche benutzt, aber gleichzeitig wollte er dem modernen zeitgenössischen Anspruch über die kritische Vernunft in der Auslegung Genüge tun.

Genau das war es, was Grundtvig in seiner neuen Sicht der Kirche angehen wollte. Wie war es möglich, einerseits die Kirche allein auf die Schrift aufzubauen und andererseits zu wissen, dass sie voller Unklarheiten und Widersprüchen war? Dies kann man nur, wenn die Macht der Auslegung, dessen was geschrieben steht, den Gelehrten überlassen wird. In Clausens Kirche wird der einfache Mensch abhängig von der Bibelauslegung der Gelehrten, wenn er wissen möchte, was Kirche ist. Gleichzeitig ist diese Kirchensicht auf einem Sprung über die dazwischen liegende Geschichte zurück zum Neuen Testament aufgebaut. Clausen möchte die Kirchengeschichte nicht mitrechnen; diese aber kann man gerade nicht ignorieren, wenn man Kirche verstehen will, meint Grundtvig.

Im nächsten kurzen Auszug aus der großen Abhandlung *Om Christendommens Sandhed* (Über die Wahrheit des Christentums) 1826 bringt Grundtvig zum Ausdruck, dass der Glaube, den der Mensch von der Kirche selbst und ihrer Geschichte empfängt, dasjenige ist, was die Bibellektüre sinnvoll macht. Die Kirche ist das Leben im lebendigen Glauben, die Bibel ist der Bericht über dieses Glaubensleben, nicht das Glaubensleben selbst. Dies hängt damit zusammen, dass es schon vor der Niederschrift des Neuen Testaments eine Kirche gegeben hat. Die Kirche ist der Ort an dem Gott und Mensch miteinander sprechen. Grundtvigs Gottesdienstverständnis wurde deswegen von einigen als kultisch bezeichnet. Wo das Lesen der Bibel zum Entscheidenden gemacht wird, verliert das Christentum sein Leben und alles wird unfruchtbar und leer, so Grundtvig.

Die Gegenrede der Kirche

Kein ernsthafter Leser von Professor Clausens neulich erschienenem Buch „Kirchenverfassung, Lehre und Ritus des Katholizismus und Protestantismus" wird sich darüber wundern, dass ich gegen seinen Verfasser auftrete. Ich tue dies nicht als Rezensent, sondern als kirchlicher Gegner, denn er hat sich in diesem Buch an die Spitze aller Feinde der christlichen Kirche und Verächter des Gotteswortes im Land gestellt. Der Professor hat sicherlich als Verfasser keinen Namen und meiner Meinung nach auch nicht die Kraft, führend zu sein. Seine Stellung in der Pastorenausbildung und sein Ruf als Exeget, den er unter den jungen Theologiestudenten hat, geben ihm aber im dänischen Kirchenvolk ein kirchliches Gewicht, welches zu übersehen unverantwortlich wäre. Um dies zu unterstreichen und daran zu erinnern, dass der Streit auf keinen Fall persönlich und keineswegs nur wissenschaftlich, sondern so rein kirchlich wie möglich gemeint ist, nenne ich diesen Fehdebrief „Gegenrede der Kirche". Damit wird die Sache von der bloßen

Leserwelt vor den Richterstuhl der allgemeinen Christenheit gebracht (...).

Nun finden doch sicher alle Leser, dass die protestantische Kirche, mit der Professor Clausen schwanger geht, ein drolliges Luftschloss ist, und dass es in der Welt kaum einen so albernen Glauben gegeben hat, nach dem ein Buch gleichzeitig die Erkenntnisquelle und Glaubensregel seiner Leser und ebenso ihr Putzlappen sein kann, sowohl echt wie unecht, klar wie dunkel, vollständig wie mangelhaft, bestimmt wie unbestimmt, göttlich wahr wie offenbar falsch. So ist es also lauter Lüge, was die Apostel über die Versicherung Jesu erzählen, dass der Geist der Wahrheit sie an alle seine Worte erinnern werde.

Ich weiß wohl, dass sich der Professor mit seiner protestantischen Kirche (S. 68), indem er vorsätzlich die ganze dazwischenliegende Geschichte übergeht, unmittelbar der Geburt des Christentums zuwendet; aber bei einer rein historischen Frage auf diese Weise die ganze Geschichte zu überfliegen, die allein sie beantworten kann, ist und bleibt doch nur eine lächerliche Schwärmerei, die in der wirklichen Welt nicht das Geringste verändern kann. Um solche Veränderung muss es uns ausschließlich zu tun sein, wenn wir es der Mühe wert finden, dem Christentum nachzuspüren. Ich höre sehr wohl den Professor sagen, dass die Kirchengeschichte ein dunkles und unwegsames Labyrinth ist mit widersprüchlichen Berichten, Auslegungen und darauf gründenden Behauptungen, wovor man seine Zuflucht zu Christus, dem einzigen Herrn und Meister nehmen soll, und zur Schrift als der einzigen in sich zureichender Regel und Richtschnur. Aber wie kommen wir dann zu Christus und zur Schrift, es sei denn auf einem Besenstiel durch die Luft, wenn wir *absichtlich* die gesamte dazwischen liegende Geschichte *übergehen,* die doch der einzige wirkliche Weg durch *die Zeit* ist!

Kirkens Gienmæle, Kjøbenhavn, Den Wahlske Boghandlings Forlag 1825, S. III–X, 1–21.

Über die Wahrheit des Christentums

Da gehört einiges dazu, bevor ich glauben kann, dass Martin Luther in diesem Stück ebenso starblind war, wie ich und meinesgleichen zweifellos gewesen sind, da wir mit all unserer Liebe zur freien christlichen Forschung über den Ursprung der Bibel, Umfang und Inhalt, mit all unserem Hass über das tote, geistverzehrende Buchstaben-Wesen, und im Bewusstsein, dass die Bibel in keiner Weise uns zu Christen gemacht hat, sondern unser christlicher Glaube uns zur Bibel führte und der Geist des Glaubens uns die Schriften eröffnet hat, da wir, diesem allen zum Trotz, nach dem alten Schlendrian, bei der Bibel bleiben, statt sie gut lesbar auf den Altar zu legen, und das Christentum von einem Buch ableiten würden, welches, würde man die Buchstaben entfernen, nur ein Band mit leeren Seiten ist, auf die jeder schreiben kann, wonach ihn gelüstet. Und setzte man die Buchstaben zusammen ohne das Licht des Geistes und das Leben des Glaubens, diente es nur der Erschaffung einer schnarchenden Gemeinde, einer Dornenhecke von Spitzfindigkeiten, einem Eisberg von Dogmatikern und einer Sintflut von Postillen.

„Om Christendommens Sandhed" (Über die Wahrheit des Christentums), *Theologisk Maanedsskrift,* 1826, Band 6, S. 133–134.

Porträt von Grundtvig: Fotographie nach einem Gemälde von C. A. Jensen, 1831.

4. Der Historiker

 Die Geschichte war schon in meinem
frühesten Alter mein Leben,
und würde die Nachwelt aufgrund meiner
Schriften ein Urteil über mich fällen,
so lautete es gewiss, dass ich gänzlich
von historischer Natur bin,
wie nur Wenige sonst.[31]

---

31 *Lidet om Jesu Christi Aabenbaring ved Apostlen Johannes,* gedruckt in *Grundtvig-Studier* 1956, S. 66.

Unter den vielen Aktivitäten Grundtvigs war die Beschäftigung mit der Geschichte wohl die umfassendste. In vielerlei Hinsicht war seine Arbeit als Historiker eine Voraussetzung für alle weiteren seiner Vorhaben. Diese Sicht war in seiner Auffassung vom Dasein des Menschen begründet. Mensch zu sein bedeutet, als solcher sein eigenes Leben leben zu müssen, zugleich aber auch – und das ist ebenso wichtig – in einer Geschichte dabei zu sein, die größer ist als die eigene. Der Mensch ist nämlich auch dazu bestimmt, ein Teil des Menschengeschlechts zu sein, mit dessen geschriebenen und ungeschriebenen Regeln – nicht zuletzt mit den Regeln und Normen, die von der Kultur und der Sprache eines Volkes bedingt sind, dem man nun einmal angehört. Auf diese Weise ist man in diesem Punkt durch den Geist des Volkes geprägt. Nur durch Aufklärung und Einsicht in die Vergangenheit ergibt sich die Möglichkeit, die Zeit in der man selbst lebt zu verstehen, ja in Wahrheit die eigene Existenz zu begreifen, so Grundtvig.

> Die Geschichte ist die einzige natürliche Quelle zur wahren Einsicht in die menschlichen Bedingungen.[32]

Das Interesse für Geschichte wurde schon in Grundtvigs Kindheit geweckt, da er im Kindesalter bereits eine Reihe großer historischer Werke gelesen hatte. Für den Rest seines Lebens hat Grundtvig ja auch mit fast unermüdlicher Energie über Gestalten der Vergangenheit und verschiedene Epochen geschrieben.

Im Zentrum von Grundtvigs Arbeit mit der Geschichte steht der Versuch, die Weltgeschichte darzustellen. Dies begann er mit der Ausarbeitung eines Manuskriptes für den Unterricht zwischen 1808–1810, als er Gymnasiallehrer für Geschichte und Geographie war. Später folgten drei sogenannte Weltchroniken, 1812, 1814 und 1817 und das umfassende Werk *Haandbog i Verdens-Historien I–III*

---

32 „Om Krønikens Dyrkning", *Danne-Virke, et Tids-Skrift,* Band 1, København, 1816, Schiødtz og Mandra, S. 309.

Grundtvigs Leben fand im Studierzimmer statt. Er las und schrieb Tag und Nacht – nicht zuletzt über Geschichte. Das Bild ist eine spätere Konstruktion: die Beine fehlen!
Illustreret Tidene 1882–1883.

(Handbuch der Weltgeschichte I–III) von 1833–1856. Diesen Publikationen schließt sich eine Reihe geplanter, aber nie vollendeter Versuche anderer Darstellungen der Weltgeschichte an, die sich als Kladden in Grundtvigs Nachlass befindet. Darunter befinden sich auch verschiedene Manuskripte zu Vortragsreihen über die Weltgeschichte, sowie Werke in denen die Weltgeschichte in Versform gefasst sind, um die Vermittlung an Kinder zu erleichtern.

> **Universalgeschichte – das moderne Verständnis von Geschichte**
> Grundtvig befindet sich in vielerlei Hinsicht im Übergang zur modernen Welt oder Modernität, wie die Epoche von der Zeit der Aufklärung in der zweiten Hälfte des 18. Jahrhunderts bis heute auch genannt wird. Verschiedene neuere Theorien verweisen darauf, dass die Geschichte in der Zeit der Vor-Moderne nicht im selben Maß wie später als fortschreitender zusammenhängender Prozess gesehen wurde. Stattdessen wurde die Geschichte als eine Reihe beiläufiger Berichte aufgefasst, die als moralische Vorbilder dienen können. Dies gilt nicht zuletzt für die biblischen Berichte, die innerhalb dieses Weltbildes von großer Bedeutung waren. Als solche illustrierten die einzelnen Geschichten zeitlose Wahrheiten, die abgegrenzt zu ihrem eigenen Universum waren. Dass Dinge sich in der Welt entwickeln, war für dieses Zeitverständnis unüblich. Deswegen spielte die Unterscheidung von Fakten und Fiktion damals auch nicht dieselbe Rolle wie heute.
>   Diese Geschichtsauffassung änderte sich grundlegend in der Aufklärung und Romantik. Inspiriert durch die Entdeckung zusammenhängender Prozesse in der Naturwissenschaft, begann man nun in immer höherem Maße, die Geschichte als Universalgeschichte zu betrachten, d. h. zusammenhängende Ketten von sich gegenseitig beeinflussenden Begebenheiten zu

> sehen. Daraus entstand der moderne Gedanke der Geschichte
> als Entwicklung und Fortschritt – ein Gedanke, der im Lichte
> der Kriege und Unglücke seither allzu oft mit einem Fragezei-
> chen versehen wurde. Zudem entwickelte sich ein Interesse
> zur Erklärung bestimmter Ereignisse in der Vergangenheit und
> man begann damit historische Texte systematischer und kri-
> tischer zu untersuchen und legte so den Grundstein zur moder-
> nen quellenkritischen Geschichtsforschung.

In allen diesen Versuchen zeigt sich der Wille zur Abfassung einer Weltgeschichte als zusammenhängende Universalhistorie. Man findet ähnliche Gedanken bei anderen Historikern und Philosophen der Aufklärung. Auch Vorbilder seiner Zeit, z. B. J. G. Herder (1744–1803), F. Schiller (1759–1805) und H. Steffens (1773–1845), konnten Grundtvig nicht von seinem eigenen Weg abbringen. Vor allem in seinen Jugendschriften war er sehr vom biblischen Weltbild geprägt und ließ ohne Zögern die Weltgeschichte ihren Ausgangspunkt im Alten Testament nehmen. Die Entwicklung der Welt legt er als ein direktes Zeichen der Gottesführung am Menschengeschlecht aus und nicht als bloßen Ausdruck des Fortschritts der Menschheit. Außerdem benutzt er die historischen Schriften dieser Jahre als eine Art Verteidigung des Christentums und Verurteilung des Unglaubens – nicht zuletzt unter seinen Zeitgenossen.

Ein Gesichtspunkt, der ihn verständlicherweise in eine öffentliche Debatte verwickelte. In späteren Jahren wurde er sorgsamer im Umgang mit historischen Quellen und war bemüht, keine überhasteten Schlüsse zu ziehen. Auch seine Bestrebungen, mit anders Denkenden mehr im Gespräch zu bleiben, brachten ihn nicht davon ab, an einem Geschichtsbild festzuhalten, das wegen seines biblischen Ausgangspunktes schon zu Lebzeiten veraltet erschien.

Was Wahrheit ist, muss die Zeit zeigen.[33]

Über die Weltgeschichte hinaus hat Grundtvig auch über viele andere historische Themen geschrieben: über die Geschichte des Schulwesens, die Kirchengeschichte, die Staatsgeschichte, die nordische Geschichte und nicht zuletzt über die Geschichte des dänischen Volkes, dessen Rolle er in der Geschichte der Menschheit für einzigartig hielt. Auch darin glich er seinen deutschen Vorbildern, die gleichfalls die Volkszugehörigkeit und Geschichte des Volkes als ein wichtiges Glied zum Verständnis von Geschichte betrachteten. Er sah den Geschichtsunterricht auch als ein Programm, mit dem er sich wünschte, die Bevölkerung für die Teilnahme am gesellschaftlichen Leben zu befähigen. Je mehr Kenntnis man von der Vergangenheit habe, umso besser sei man für die Zukunft gerüstet. Aufklärung durch Geschichte war eine Gesellschaftsangelegenheit und sollte deshalb auch durch den Staat unterstützt werden, z. B. durch Gründung einer Hochschule zum Nutzen der gesamten Bevölkerung.

Søren Kierkegaards Kritik an Grundtvigs Geschichtsauffassung

Sein Zeitgenosse, der Theologe, Schriftsteller und Philosoph Søren Kierkegaard (1813–1855), war ein harter Kritiker von Grundtvigs Geschichtsauffassung. Im Mittelpunkt von Kierkegaards Denken stand der einzelne Mensch (Subjektivität), weshalb er Grundtvigs Begeisterung für das Kollektiv, Gemeinde, Volk und Geschichte skeptisch gegenüberstand. Das Konzentrieren auf die Menschen in der Masse, wie Grundtvig es tut, könne allzu schnell vom Einzelnen ablenken, von seiner ethischen Verantwortung und seinem Verständnis seines Selbst

---

33 *Udsigt over Verdens-Krøniken fornemmelig i det Lutherske Tidsrum*, København, Andreas Seidelin 1817, S. I.

> in der Welt, meint Kierkegaard. Im Jahre 1846 interpretierte
> Kierkegaard die Geschichtsauffassung Grundtvigs mit folgen-
> der kritischer Parodie: „Der Betrachter sieht undeutlich schim-
> mernd das welthistorische Farbenspiel der Generation wie das
> des Heringszuges im Meer: die einzelnen Heringe haben nicht
> viel Wert. Der Betrachter starrt betäubt in jenen ungeheuren
> Wald der Generation hinein und wie einer den Wald vor lau-
> ter Bäumen nicht sehen kann, so sieht er bloß den Wald und
> nicht einen einzigen Baum. Er hängt systematisch Gardinen
> auf und benutzt dafür Völkerschaften und Nationen; einzelne
> Menschen sind ihm nichts."[34] Grundtvig hat später darauf ge-
> antwortet, dass ohne historischen Sinn ein Mensch mit seinen
> eignen Gedanken in die Irre gerät. Dies Problem entsteht in
> Kierkegaards Philosophie des Einzelnen, so Grundtvig.

Der rote Faden, der sich durch Grundtvigs Arbeit als Historiker zieht, ist sein Bestreben, die Vergangenheit lebendig machen zu wollen. Ein Bild, das er häufig benutzte, war sein Wunsch, Tote zum Leben erwecken zu können, um mit ihnen zu sprechen. Wenn die Vergangenheit nicht lebendig gemacht werden könnte, dann wäre sie gar nicht interessant. Sowohl die Fehler der Vergangenheit wie auch die Heldentaten machen uns in der Gegenwart klüger und genau deswegen müssen historische Studien im Hinblick auf einen so lebendig wie möglich gestalteten Dialog mit der Vergangenheit betrieben werden.

Ein Beispiel dafür war die Herausgabe seiner eignen Zeitschrift *Danne-Virke* 1816–1819 im Einmannbetrieb, die eine Variation von Texten enthielt, wie philosophische Abhandlungen und Gedichte bis hin zu Übersetzungen alter angelsächsischer Sagen und

---

34 Vgl. S. Kierkegaard, *Abschließende unwissenschaftliche Nachschrift zu den Philosophischen Brocken*. Erster Teil, hg. von Hans Martin Junghans, Düsseldorf/Köln 1957, S. 149.

Volksweisen. Schon im Titel der Zeitschrift kommt sein Wunsch zum Ausdruck, zurück zur Errichtung des Dannewerks zu gelangen; einer Festungsanlage an der dänischen Südgrenze (sozusagen ein Bollwerk), die historisch und kulturell Dänemark gegen fremdes Eindringen schützen sollte. Auch den meisten seiner in der Zeitschrift veröffentlichten Gedichte lag der Wunsch zugrunde, die Helden und Heldinnen der Vergangenheit zum Leben zu erwecken. Eine ganz besondere Rolle spielt dabei Königin Thyra Danebod, die infolge der Überlieferung die Errichtung von Dannewerk geleitet haben soll. Sein Traum ist es hier und jetzt ihren Rat zur Krisensituation zu erfragen, in der sich Dänemark auf vielen Gebieten befindet. In einem der Gedichte aus der Zeitschrift, in dem Grundtvig wie so oft zuvor die Geschichte als Meer und Wellen beschreibt, wird der heftige Wunsch laut, der Kontakt mit der Vergangenheit möge uns in die Helden von damals verwandeln.

> Oh, lasset uns dahinschmelzen
> Im Blau der Wogen!
> Und als Dannebods Helden
> Wieder auferstehen.[35]

Die Bedeutung dieses Gedankengangs ist in der Grundtvig-Bewegung nicht zu unterschätzen. An Heimvolkshochschulen beispielsweise gab es die Tradition, historische Vorträge zu halten und alte historische Lieder zu singen, in deren Versen die Aufmunterung zur Fortsetzung des Kampfes der Vorväter stark zum Ausdruck kam.

Auf noch konkreterer Ebene arbeitete Grundtvig daran, die Geschichte durch Übersetzungen, Nachdichtungen und Nachschreibungen aus verschiedenen Ecken der Kirchengeschichte

---

35 „Efterklang til Thyre Dannebods Vise", *Danne Virke, et Tids-Skrift* af N. F. S. Grundtvig, Band 2, København, Schiødtz og Mandra 1817, S. 9–10.

Für Grundtvig war die Königin Thyra Danebod, als jene, die das Dannewerk errichten ließ, von ganz besonderer Bedeutung unter den Helden des Altertums. Hier ist sie in einer Monumentalmalerei in der Vestbirk Højskole nach einer Radierung von Lorenz Frølich von 1855 dargestellt.

und der Geschichte des Nordens für die Bevölkerung lebendig zu machen. Er beherrschte die klassischen europäischen Sprachen Griechisch und Latein, stürzte sich aber auch mit enormer Energie in Übersetzungen und Selbststudien der altenglischen und altisländischen Texte. Von besonderer Bedeutung ist seine Übersetzung des umfangreichen altenglischen Gedichts „Beowulfs Drape" (Beowulfslied) 1820, *Saxos Danmarks Krønike* I–III (Saxos Danmarks Chronik I–III) 1818–1822 und Snorres *Norges Konge-Krønike* I–III (Norwegens Königschronik I–III) 1818–1822. Besonders die Übersetzung und Datierung des Beowulf hat das Interesse der englischen Mittelalterforschung geweckt. In diesen Kreisen wird sein Einsatz als Forscher und Philologe, auch unter modernen Übersetzern, sehr hoch eingeschätzt, und er gilt gleichermaßen als Vorläufer des berühmten Autors und Beowulf-Forschers J. R. R. Tolkien (1882–1973).

Grundtvig war für seine wissenschaftlichen Leistungen nicht gerade bekannt und seine Arbeitsform beleidigte viele, die sich mit

ähnlichen Themen beschäftigten. Er akzeptierte z. B. nie wirklich
die aufkeimende quellenkritische Wissenschaft seiner Epoche, vornehmlich
die historisch-kritische Methode der Bibelforschung.
Wenn er mit seinem Einsatz als Historiker und Übersetzer trotzdem
etwas bewegen konnte, dann war es seinem hohen Bewusstsein
geschuldet, mit dem er den Kontakt zu lebendigen Traditionen
bewahrte. Ohne diese Voraussetzung wäre die Beschäftigung
mit den Texten des Altertums nicht möglich und seine Arbeit auch
sinnlos gewesen. Er selbst nannte seine Arbeitsmethode „historisch-poetisch"
und ließ damit erkennen, dass er viel mehr als ein
trockener Mann der Wissenschaft war.

Der wichtigste Gedanke bei seinen Übersetzungsarbeiten war die
Vorstellung der volkstümlichen Vermittlung. Soll die Übersetzung
Sinn machen, muss ihre Anwendung auch Bedeutung für die Leserschaft
der Gegenwart haben. Auch eine Übersetzung des Saxo
hätte wenig Bedeutung ohne dieses Ziel. Das Gleiche gilt auch für
seine historischen Lieder und Vorträge, sowie Nachdichtungen von
Kirchenliedern aus älterer Tradition und seine Arbeit mit der Mythologie.

Die Glocken der Vorväter umgießen

In der Zeitschrift *Danne-Virke* publizierte Grundtvig 1816 u. a. ein
sogenanntes Nachklanggedicht, ein Genre, das er selbst erfunden
hatte und das als eine Art Formel für sein Verhältnis zu Mythologie
und Geschichte (vgl. Kap. 2) gelten sollte.

Der Text der Grundtvig zu seinem Nachklanggedicht inspiriert
hatte, ist eine alte englische Weise über das sogenannte Gelage
nach der Schlacht bei Brunanburh die er in das zehnte Jahrhundert
datiert. Die Weise erzählt von dem Sieg des englischen Königs
Adelstan über den schottischen König Konstantin und die beiden
dänischen Prinzen Anlav und Godfred. Grundtvig geht in seinem

Nachklanggedicht, das hier nur in gekürzter Version wiedergegeben wird, gar nicht auf die Schlacht ein, stattdessen geht es ihm um den Skalden, der die alte Weise geschrieben hat. Er vergleicht dessen Situation mit seiner eigenen: die Zuhörer des Skalden im „Königssaal" waren dankbar. Es waren nämlich die Helden der Schlacht und ihre Frauen.

Die aktuelle Situation ist eine ganz andere. Grundtvig fehlt es an guten Geschichten zum Dichten und er muss wie ein Bettler unter seinen Zeitgenossen umherwandern, um sich letztendlich auf einem Gedenkstein seiner Vorväter niederzulassen. Er wünscht, er könnte ihr Silber und Gold im Erdreich finden. Das gibt den Anlass zu einem riesigen Umschmelz-Projekt – ein Bild aus einem Nachklanggedicht –, wo das „Glocken-Erz" der Vergangenheit in die Formen der Gegenwart eingeschmolzen wird. Das soll heißen, das Gedicht bekommt eine Bedeutung in der Gegenwart. Kein leichtes Experiment, aber der Schreiber der Nachklanggedichte macht weiter, trotz Hohn und Spott seiner geistlosen Zeitgenossen, die ihn an Maulwürfe erinnern, jene Tiere, die sich über der Erde nicht angemessen benehmen können. Mit anderen Worten: Sie können ihr Wissen nicht bei Tageslicht vermitteln. Eine verletzendere Kritik an seinen Fachkollegen in der Historik konnte es von Grundtvig wohl kaum geben. Der Dichter schließt mit der Feststellung, er wisse genau, was er schuldig sei und dass er sich viel erbettelt habe. Seine Weise sei nur ein Nachklang eines „Heldenliedes" der Vorväter – d.h. jener alten Weisen, die von Göttern, Helden und Kämpen handeln.

Der Nach-Klang

Hier sitze ich im letzten Winkel
Kaum dass Skalde man mich nennen kann;
Sehe wo *die Stirn kommt dran,*
Das ist all mein Sehvermögen.

Ein Beutel nur mit Bettelstab,
In die Wiege mir gelegt,
Mit dem ich Habenichts zum Grab,
Mich bettle durch das Leben.

Ich geh' umher von Tür zu Tür,
Mit dem Stab ich klopfe an,
Am liebsten, wo ich schon mal war,
Die Gabe dort man gönnen kann.

Ich setze mich gedankenvoll,
Auf meiner Väter Steine.
Aus der Erde Gold und Silber trennen soll,
Dass ich die Ahnenreihe hier vereine.

Ich sinne und ich grüble nach,
Die Standuhr aufzubauen,
Die Stunden zeigt und schlägt,
Die Glockenspiele lässt verlauten.

Ich schmelze, gieße wie ich kann,
In Formen die ich find',
Ich baue, so wie ich es weiß,
Das Stundenglas es rinnt.

Ich gieß der Glocken klein und viele,
Berühren soll der Stab das Erz,

4. Der Historiker

Zu prüfen ob sie recht auch schlagen,
Hören will ich dann die Zeit.

Drum sei gegossen jede Glocke,
Ganz auf ihre eigne Weise,
Die Stunde selbst, so wie sie schlägt,
Der Glocke Klang sie immer trägt.

Den Geist der Zeit, wo er auch wohnt,
Muss man mit Fleiß erspähen,
Einzufangen seines Wortes Laut,
Um Glocken-Erze anzuflehen.

Hab' wohl gelauscht ganz viele Male
Der Ahnen-Geistes Rede,
Zum Nachklang Erz empfangen
In ihrem hohen Saale;

Doch nirgendwo ist es so leicht,
Zu lauschen gar mit Ohr und Mund,
Wie Geister mit dem Glockenschlag
Sich offenbaren in der Abendstund'.

So hör' ich wie ein fremder Gast,
Und gieße mitten in den Staub,
Und wenn's gelingt zum allerbesten,
Geht vieles doch in welkes Laub.

Doch ist der Geist stets Gast auf Erden,
Und der Skalde schaute in den Staub,
Doch als am besten schauet er,
Da war sein Anblick leer.

Da hörten die Geister des Skalden Gesang,
So schwebend in der Höhe,
Schon lang ersehnt der reine Klang,
Das klare, sichere Auge.

Ich meine wohl, dass mein Glockenspiel
Befreundete Herzen rühret,
Wer wie ein Maulwurf sprechen will,
Nur einer Rassel Ton gebühret.

Das haben wir schon oft gehört,
Das kann ein jeder wissen,
Dass meiner Glocken Nachgesang,
Kein Maulwurf wird vermissen.

Der Ahnen Geist so liebevoll,
Mir mächtig hilft zu singen,
Hielt ich der Ahnen Erd' im Mund,
Schon war die Zunge mir gebunden.

Dies steht fest in meinem Sinn,
Davon mich keiner wagt zu rücken,
Getrost sodann, so gut ich kann,
Ich gieße meine Glocken.

Ein Nachgesang ist meine Weise nur,
Der Ahnen Heldenlieder,
Darum gereichen meine Weisen
Nur um die Ahnen lobzupreisen.

„Efter-Klangen", *Danne-Virke Et Tids-Skrift* 1–4, København, Schiøtz og Mandra og A. Schmidts Forlag 1816–1819, Band 2, S. 85–96.

Kolumbus und die Kritik am Imperialismus

Das Handbuch der Welt-Geschichte, das 1833–56 in drei dicken Bänden erschienen war, ist das ältere historische Hauptwerk Grundtvigs und vermutlich, nach den Kirchenliedern, Grundtvigs meist gelesener und benutzter Text. Weit ins 20. Jh. hinein war das Buch fester Lesebestand der Heimvolkshochschulen[36] und in Kreisen der Grundtvigianer war es beliebt.

Während die drei Bände der Weltchronik von 1812, 1814 und 1817 in Inhalt und Aufbau stark durch die Bibel geprägt waren, von Polemik gegen die fehlende christliche Einstellung in der Gegenwart und dem Versuch, Menschen für das Christentum zu gewinnen, ist das Handbuch auf umfassenden und gründlichen Quellenstudien aufgebaut. Es geht beispielsweise aus dem ausgewählten Text hervor, dass Grundtvig das Reisetagebuch von Kolumbus und die ausführliche Berichterstattung seines (d. h. des Kolumbus') Sohnes gelesen hatte. In seinem Handbuch folgt Grundtvig der Einteilung der Universalgeschichte in Altertum, Mittelalter und neuere Zeit.

In diesem Verlauf verschiebt sich der Blickwinkel aus dem Mittelmeerraum ins nördliche Europa, wobei sich im Übergang Brüche und mangelnde Zusammenhänge zeigen, die der durchtriebenen imperialistischen Entwicklung des römischen Reiches geschuldet sind. Die Periode von Anfang 1400 bis Ende 1550 mit ihren großen Entdeckungen und der Reformation markiert den Übergang zur „Neujahrs-Zeit". In diesem Zeitabschnitt kommt dem Individuum, „dem einzelnen Menschen", größere Bedeutung zu, er ist aber in der Entwicklung auch größeren Gefahren ausgesetzt. So gesehen lässt Grundtvig sich von individueller Leistung begeistern, steht aber der Loslösung des Individuums aus den Gemeinschaften kritisch gegenüber.

---

36 Zur Verwendung des Begriffs „Hochschule" durch Grundtvig siehe den Faktenbox im nächsten Kapitel.

Genau zu diesem Problem nimmt Grundtvig in seiner Schilderung der Person des Kolumbus Stellung. Er schreibt in einem heiteren, profunden Erzählstil, der auch für das „Handbuch der Welt-Geschichte" typisch ist und in Passagen wird über die Größe der Entdeckungen in der neuen Welt Amerikas berichtet – eine Größe, die an Luthers Wiederentdeckung des Christentums erinnert. Grundtvig aber betrachtet auch die Kehrseite der Medaille. Kolumbus hatte sich unmittelbar nach seiner Entdeckung selbst zum Vize-König ernannt und die Indianer zu Untertanen der spanischen Krone gemacht.

Dabei tat er ihnen Unrecht an, denn die Indianer verloren damit ihr „Eigentums-Recht", das Erbrecht auf Boden, von dem sie bis dahin gar nicht wussten, dass sie eins besaßen! – Eine zynische Art der Machtausübung, ganz gegen Grundtvigs Haltung zu den angeborenen Rechten eines jeden Volkes und deshalb ein Schandfleck in der Weltgeschichte. Aus Grundtvigs Sicht haben die Indianer ein Recht auf ihr Land qua göttlicher Schöpfung und damit ist ihre imperialistische Unterdrückung eine Störung der Weltordnung selbst.

Handbuch der Welt-Geschichte

In der Dämmerung des dritten Augusts lichtete nun *Columbus* die Anker und lief in der Morgenröte vor Sonnenaufgang aus *Palos* aus. Auch in dieser Hinsicht weisen die Entdeckungen in Ost- und Westindien ganz unterschiedliche Farben auf; *Gama*[37] ging, wie wir uns erinnern, am helllichten Tag mit Sang und Klang am *Tajo* an Bord, gefolgt von einer ungezählten Menge, die ihm Glück wünschte auf seiner Reise ins Wunderland, das keiner je gesehen hatte, aber von dem alle wussten, dass es existierte, und von dem alle die abenteuerlichsten Vorstellungen hatten. *Columbus* aber

---

37 Vasco da Gama, span. Entdecker des Seewegs nach Indien um das Südkap Afrikas.

4. Der Historiker

stahl sich in der Abenddämmerung aufs Meer hinaus, unbemerkt von der Menge und von den Neunmalklugen verlacht (...) Es gibt einen ziemlich ausführlichen Auszug aus dem Tagebuch des Großadmirals auf seiner ersten Reise über das Weltmeer (vom 3. August bis zum 12. Oktober 1492 und so weiter), aber damit geht es wie mit den Tagebüchern deutscher Philosophen, wenn sie ihren Gedanken Ausdruck geben: das Meiste ist als etwas Alltägliches völlig überflüssig, der Rest aber nur für Fachleute bemerkenswert, das Ganze also für alle anderen Menschen langweilig. Stammt indes ein Tagebuch von einem Menschen, dessen Gedanken zu etwas wirklich Großem geführt haben, dann wird es als *Ganzes und ohne Kürzungen* für den Historiker nicht nur Druckerschwärze und Papier, sondern auch des Lesens wert sein; (...) Zum Glück hat der Sohn in der Lebensbeschreibung des Vaters, hier jedoch aus natürlichen Gründen, das Tagebuch etwas besser benützt; wir wissen deshalb, dass mit zunehmender Reisedauer angesichts der Missweisung des *Kompasses,* der Veränderung der Sternbilder und des ständigen *Gegenwindes,* die natürliche Ungeduld schließlich so fürchterlich stieg, dass die Mannschaft sich unverhohlen zusammenrottete und darüber beriet, wie man zumindest noch sein nacktes Leben retten könnte. Alle waren sich darin einig, dass man schon mehr getan hätte, als die Ehre gebot, dass es aber höchste Zeit, wenn nicht schon zu spät wäre, umzukehren, bevor die Lebensmittel, die stark zur Neige gingen, völlig verzehrt wären und bevor die lecken Schuten mit Mann und Maus untergingen. Die Frage war da nur, was man mit dem Admiral tun sollte (...) Hier war guter Rat teuer, und sie wurden sich glücklicherweise nicht darüber einig, was ihnen als einziger Ausweg erschien, wenn der Admiral nicht nachgeben wollte: man sollte mit ihm kurzen Prozess machen und ihn einfach über Bord schmeißen (...) Es war am 8. Oktober, als das Blatt sich wendete, so dass es eine Lust wurde, *Anführer* zu sein. In der Nacht vom 11. auf den 12. erhob sich auf der Schute *Pinta* großes Geschrei, denn der alte Seebär *Rodrigo de Triana* hatte deutlich Land gesehen, nachdem der Admiral selbst schon spät am Abend einen Schimmer wie von einem sich bewegenden Licht bemerkt hatte. Unbeschreiblich groß war, wie man sich vorstellen kann, die Sehnsucht am nächsten Morgen, einem *Freitag,* und ebenso die Freude, im Morgengrauen eine herrliche Insel mit *grünen Wäldern* aus dem Weltmeer steigen zu sehen, an deren Strand es allmählich von nackten Gestalten wimmelte, die Menschen glichen und deutlich ihrer Verwunderung über die neue Welt Ausdruck gaben, die schwimmend zu ihnen kam. Sobald man Anker geworfen hatte, legte der Admiral seine vornehmste Kleidung an und ging an Land, gemeinsam mit den Brüdern *Alonso* und *Vincente Pinzon,* den Kapitänen der Schuten *Pinta* und *Nina* aus *Palos,* pflanzte sein Banner mit dem grünen Kreuz am Strand auf, benannte die Insel nach dem *Erlöser* (San Salvador) und nahm sie feierlich in Besitz für „*Ferdinand* und *Isabelle*", vergaß jedoch nicht, sich gleichzeitig von den Anwesenden als Vize-König in Indien und Großadmiral auf dem Weltmeer huldigen zu lassen. Die armen Eingeborenen standen bei all dem als müßige Zuschauer herum. Man hatte sie jedoch nicht ganz vergessen; denn bei der Thronbesteigung wurden ihnen rote Nachtmützen und Glasperlen zugeworfen, als Bezahlung für ihr Odalsrecht, das sie so verloren, bevor sie es jemals kennen gelernt hatten (...) So weit in Umrissen der weltgeschichtliche *Roman,* wie wir das Leben des *Columbus* und Spaniens Inbesitznahme der neuen Welt, einschließlich der Schätze Perus und Mexikos, die wir gut nennen können, denn die Wirklichkeit ist fast ebenso phantastisch wie die Grillen des *Christoffer,* der sich einbildete, er habe mit Amerika *das verlorene Paradies* gefunden, oder wie die Vorstellungen seines Sohnes *Fernando,* der in seinem Vater einen „Heiligen Christophorus" sehen wollte, der Christus nicht wie der alte Christophorus über eine kleine Furt, sondern über das weite Weltmeer trug.

Haandbog i Verdens-Historien. Efter de bedste kilder, I–III, Kiöbenhavn.
J. H. Schubothes Boghandling 1843, Band III, S. 173–179.

Der historische Vortrag

Im Sommer 1838 begann Grundtvig auf Bitte eines kleinen Studentenkreises mit einer Reihe öffentlich zugänglicher Vorträge zur Geschichte der Gegenwart im Borchs Kollegium in Kopenhagen. Der Anlass fiel mit dem 50. Jubiläum der Aufhebung des Erbuntertänigkeitsrechts zusammen und – so meinte Grundtvig sich zurückerinnern zu können – der Titel der späteren Ausgabe von *Mands Minde* (Seit Menschengedenken) geht auch in die Zeit zurück. Die Vortragsreihe umfasste 51 Vorträge und dauerte vom 20. Juni bis zum 26. November. Grundtvig referierte jeden Montag, Mittwoch und Freitag von 20.00–21.00 Uhr. Die Vorträge wurden ein Publikumsmagnet und wurden nicht ohne Grund als Durchbruch Grundtvigs in der Bevölkerung bezeichnet, denn Studenten, Persönlichkeiten aus der Kulturszene und allgemeine Bürger scharten sich begeistert um sein Lesepult.

Grundtvig hat, wie es seine Art war, seine Vortragsmanuskripte äußerst minuziös ausgearbeitet, hielt die Vorträge aber mündlich, in derselben Weise, wie auch Pfarrer oft ihre niedergeschriebenen Predigten auswendig vortrugen, um damit eine lebendige Darbietung von der Kanzel zu erreichen. Fünf Jahre nach seinem Tod veröffentlichte Grundtvigs Sohn Svend die Vorträge auf der Grundlage der hinterlassenen Manuskripte in einer redigierten und sprachlich bearbeiteten Version davon, wie er sie im Nachlass seines Vaters vorfand. Trotzdem spürt man, dass Grundtvig stets die mündliche Unterrichtssituation vor Augen hatte und ihm war bewusst, dass diese nur dann gelingen kann, wenn sie mündlich und lebendig ist. Dass die Vorträge nur die Begebenheiten zum Thema machen, welche bis zu Grundtvigs Lebzeiten stattgefunden hatten, verleiht ihnen eine besondere Lebendigkeit.

In Grundtvigs Vorträgen spiegeln sich seine Geschichtsauffassung und seine Überzeugung davon, dass Vergangenheit mit Blick auf eine mögliche Inspiration zu Handlungen in der Gegenwart lebendig gemacht werden muss. Im folgenden Textauszug erklärt er, weshalb die lebendige, mündliche Darstellung so viel mehr Kraft, als eine sorgsam durch Quellenforschung betriebene Geschichtsschreibung hat. Dabei will er sich nicht negativ über gründliche historische Quellenstudien äußern, sondern zeigen, dass der mündliche Vortrag für markante Züge der Ereignisse sensibilisieren kann, die ihnen Form und Richtung gegeben haben. Ein kleiner Unterschied von entscheidender Bedeutung. Die allergrößte Bedeutung für menschlichen Lebensmut und Engagement ist die Existenz des lebendigen historischen Vortrags.

Seit Menschengedenken

Ja, meine Herren, was Geschichte früher bei den Hauptvölkern[38] war und das besonders bei unseren Vätern im hohen Norden, das soll Geschichte wieder werden, wenigstens bei uns: nicht mehr einer Feder gleichen, die über das Papier kriecht, sondern einem Vogel gleich, der wie auf Adlerschwingen stolz über die Zeiten segelt, die großen Ereignisse mit einem Falkenblick auspähend nur bei ihnen verweilt. Sie werden mich doch nicht missverstehen: ich bin selbst durch und durch ein Bücherwurm, selbst ein Schreiber sozusagen von Kindes Beinen an, und innerlich überzeugt davon, dass man über die Erfahrung des Menschengeschlechts von Geschlecht zu Geschlecht niemals *zu* genau Buch führen kann, da dies einer Forschung gleichkommt, durch die, mit einem gründlichen historischen Studium die menschliche Natur in der ganzen Tiefe ihres Reichtums und der Lebens-Entwicklung in alle ihre

---

[38] Für Grundtvig die Völker, die mit ihrem Geist sich von anderen in der Weltgeschichte unterscheiden. Das Hauptvolk des Altertums waren die Hebräer (Juden), Griechen und Römer. Im Mittelalter waren die Hauptvölker die englischen, deutschen und nordischen Völker. Grundtvig hat mehr oder weniger Sympathie für die verschiedenen Gruppen. Die Römer sind in der Regel die Schurken, wohingegen die englischen und nordischen Völker in einen Heldenstatus gefasst sind. Die christliche Kirche betrachtet Grundtvig als ein Volk unter den Völkern.

Richtungen nach und nach ans Licht kommen soll. Der Mensch lernt sich selbst zu verstehen; während alle Erfahrung lehrt, dass sowohl bei großen wie auch bei kleinen Ereignissen es oft auf den ersten Blick nur ein unbedeutender Umstand ist, der alles andere ins Licht rückt. Deswegen könnte es mir niemals einfallen, herablassend über Buchkunst oder historische Bücher im allgemeinen zu sprechen, in denen die sicheren Nachrichten so genau wie möglich von losen Gerüchten getrennt sind, und worin alles, was dazu dienen kann ein großes Ereignis aufzuklären oder eine Reihe von Ereignissen, die mit Fleiß gesammelt und klug verbunden sind; aber es werden wie in jeder Zeit nur wenige sein, die sowohl Lust zu literarischer Arbeit haben, was allein ein Werk gelingen lässt, als auch die Fähigkeiten und die Gelegenheit bekommen, die es zum Gelingen braucht, so dass es abermals nur verhältnismäßig wenige Leser für Geschichte geben wird; denn eines ist es, sich durch ein Buch zu buchstabieren, und wenn man sich Mühe gibt einigermaßen zu lesen; und etwas ganz anderes ist es, mit der Lust und Leichtigkeit zu lesen, die man haben muss, um Bücher wirklich mit Nutzen und Vergnügen zu lesen; und Geschichtsbücher lesen schließlich wenige oder gar niemand; erst wenn die Lust geweckt wird und so die Arbeit durch eine mündliche Erzählung erleichtert wird, die alles weglässt, wonach nur die Gelehrten fragen, die leicht all das Unwesentliche überspringt und lebendig das Ganze in einer großen Persönlichkeit verbindet.

Eine solche mündliche Geschichte, etwas so Vorgetragenes, das kann dagegen, wie die Erfahrung lehrt, zu allen Zeiten Große und Kleine gleichermaßen erfreuen; und obschon natürlich beides der Nutzen und das Vergnügen, die im Vergleich ebenso verschieden sind, wie die Natur des Menschen in ihren Einzelheiten ist, so bringt sie notwendig dennoch im Ganzen eine höhere und edlere Vorstellung von der menschlichen Natur hervor, die wir alle teilen, von den großen Kräften, mit der sie ausgerüstet ist, von den wunderbaren Veränderungen und vielfältigen großen Werken, die ein einziges kurzes aber wirksames Leben hervorbringen kann, und letztendlich über die hohe Herkunft und das große Ziel, das notwendigerweise zu einer Natur gehören muss, die so herrlich ausgestattet ist; mit einem Wort: die lebendige Geschichte, die an die Tatkräftigen erinnert und uns die vergangene Großtat leibhaftig vor Augen führt, die mit Notwendigkeit den Gedanken über die wunderbare, unsterbliche und göttliche Natur des Menschen weckt und entwickelt, nicht wie eine leere Einbildung, sondern wie eine wahre Wirklichkeit, die sich selbst beweist. Solange die Sage über die menschlichen Großtaten sich lebendig von Geschlecht zu Geschlecht fortpflanzt, so dass sie den Greis redegewandt machen und das Kind lehrt zuzuhören, so lange werden wir in einem Volk den unumstößlichen Glauben an die Verwandtschaft des Menschen mit den Göttern und den Ruf zur Unsterblichkeit finden; sobald aber die Sage verstummt, oder was das gleiche wäre, wenn sie kalt und tot ist, sinkt das Volk im Ganzen in sich zusammen in seinen Staub, vergisst oder bezweifelt alles, was uns über die Erde und den Augenblick erhebt und wandert umher: schleppt sich durch die Welt und findet, dass der Tod im Grunde besser sei, als das Leben, weil es nur die Gefahren und die Mühen des Lebens kennt, nicht aber die himmlische Lust und große unbegrenzte Aussichten.

Mands-Minde 1788–1838, København, Carl Schönbergs Forlag 1877. – Auszug aus der Vorlesung Nr. XXXV, 19. Okt., S. 334–336.

Phototypie durch das Reproduktions-Atelier von F. Hendriksen nach einem Gemälde von Constantin Hansen, 1847.

5. Der Volksaufklärer

 Was für schwarze Erde ist der Sonnenschein,
Ist wahre Aufklärung den Erd-Verwandten;
An weitaus Bess'rem als an Gold sich freu'n,
die ihren Gott und sich selbst erkannten;
Ob's Dunkel wüte –
Der Lichthand Güte,
die strahlumglüte,
macht klar das Glück![39]

---

[39] Vgl. *Schriften* S. 533/*Ved Indvielsen af Skolen i Sjolte i Snesere Sogn ved Præstø*, 25. Juli 1856, Kjøbenhavn, Thieles Bogtrykkeri 1856, S. 2.

Obwohl Grundtvig viele kritische Einwände gegen die Anbetung der Vernunft in der Aufklärung vorzubringen hatte, war er in vielerlei Hinsicht doch auch selbst ein Kind dieser Epoche und ihrer Ideen. Unter anderem blieb er für eine lange Zeit seines Lebens einem optimistischen Glauben an den Fortschritt der Geschichte treu und betrachtete die Bildung eines Volkes als ein wichtiges Glied der Entwicklung. Mit den Jahren jedoch zog er das Wort *Aufklärung* dem Wort *Bildung* vor.

Es war Grundtvigs Traum, dass alle Gesellschaftsschichten, auch die minder ausgebildeten Teile der Bevölkerung, nicht zuletzt die große Landbevölkerung, in der Lage sein sollten, als verantwortungsvolle Bürger am gesellschaftlichen Leben teilzunehmen. Diesem Traum entsprangen die Ideen zur Gründung von Hochschulen, die ein Ort für die Aufklärung des ganzen Volkes sein sollten.

Übersetzung des Begriffs „Højskole"
Den Begriff „højskole" ins Deutsche übersetzen zu müssen, bereitet uns gewisse Schwierigkeiten. Das liegt u. a. daran, dass der Begriff im Dänischen von Grundtvigs Ursprungsverwendung und hin zu den tatsächlich gegründeten Schulen die Bedeutung gewechselt hat. Auf Deutsch wird der Begriff Hochschule mit einer Art Universität verbunden. Das war auch ursprünglich im Sinne von Grundtvig. Seine Idee war die, dass die Hochschule in Sorø eine Bildungseinrichtung für die gesamte Bevölkerung sein sollte, welche zu der Übernahme wichtiger Gesellschaftsaufgaben ertüchtigen sollte. Eine natürliche Übersetzung des Grundtvigschen Begriffes könnte deshalb „Volkshochschule" sein (das Wort „Folkehøjskole" ist im Dänischen sehr geläufig), aber dieses Wort steht im Deutschen heute für spezielle Abendkurse. Eine zusätzliche Schwierigkeit besteht darin, dass die Schulen, die zu und nach Grundtvigs Lebzeiten gegründet wur-

> den, nicht ganz seinen Vorstellungen von „Hochschule" entsprachen. Sie waren weniger akademisch, aber doch von Grundtvigs Gedanken von Prüfungsfreiheit, Bildung, Geschichte und Mythologie geprägt und haben über die Jahre in höherem oder geringerem Maße Ausbildung in Landwirtschaft, Handwerk und Kunsthandwerk angeboten. Zugleich waren sie Schulen mit Internat. Diese Schulen entsprechen am ehesten dem, was in Deutschland unter dem Begriff „Heimvolkshochschule" verstanden wird. In diesem Buch wird der Begriff „Hochschule" dann benutzt, wenn auf Grundtvigs Ursprungsgedanken Bezug genommen wird. Der Begriff „Heimvolkshochschule" findet dann Anwendung, wenn von denjenigen Einrichtungen die Rede ist, welche von seinen Gedanken inspiriert zu und nach Grundtvigs Lebzeiten gegründet wurden. Wenn von einer spezifisch dänischen Institution die Rede ist, wird die volle dänische Bezeichnung genutzt, z. B. „Vestbirk Højskole".

Grundtvig dachte dabei nicht an eine Schule für Kinder. Ja, er äußerte sich sogar skeptisch dazu, ob Kinder überhaupt zur Schule gehen sollten und machte sich zum Fürsprecher des Heimunterrichts. Ihm war wichtig, dass Kinder im Unterricht frei sein sollten, Fragen zu stellen und ihre Phantasie zu benutzen.

Vorstellungen und Gefühle sind für Grundtvig ebenso wichtige Werkzeuge der Erkenntnis wie die Vernunft. Bei vielen lag der Fehler in dem zu einseitig auf die Vernunft fokussierten Unterricht im klassischen, modernen und wissenschaftlichen Stil. Unterricht darf sich nie der menschlich angeborenen Neugier und den kreativen Talenten in den Weg stellen, sondern sollte stattdessen die Lust der Kinder zu lernen und zu verstehen was wichtig ist, berücksichtigen. An dieser Stelle war Grundtvig der Meinung, dass Eltern sich für diese Aufgabe am besten eigneten. Später wurde er auch Fürsprecher für die Bildung von sog. Freien Schulen, an denen der Unterricht nach eigenem Bedarf entwickelt werden konnte. Diesem Ideal folgend begannen viele der späteren Freien Schulen, die eigenen Kinder und die Kinder von Freunden zu unterrichten.

> **Die Entwicklung der Pädagogik bis zu Grundtvigs Zeit**
> Grundtvig ließ sich bei dem Gedanken über Lust, Freiheit und Freiwilligkeit im Unterricht – manchmal durchaus kritisch – von einer Reihe neuer Tendenzen in der Pädagogik seiner Zeit inspirieren.
>
> Seit der Reformation im 16. Jh. war das Schulwesen an die kirchliche Lehre und den Wunsch gebunden, die einheitliche Richtung des Königreichs im „richtigen" lutherischen Glauben zu sichern. Man war der Ansicht, dass dies die Garantie für Bestehen und Rettung des Landes sei. Deswegen zielte der Unterricht zu allererst darauf ab, den Menschen das Lesen der Bibel und der Bücher der lutherischen Kirche beizubringen. Der Unterricht wurde vom Auswendiglernen dominiert, sowohl in der Elementarschule, wie auch in den Lateinschulen (Gymnasien). Im 18. Jhd. kam eine neue Diskussion über Bildung und Ausbildung auf und dabei wurde besprochen, welche Methoden dabei angewendet werden sollten. Dies geschah nicht zuletzt unter Einwirkung des Pietismus – jener einflussreichen Frömmigkeitsbewegung innerhalb des Christentums – der großen Wert auf das Glaubenserlebnis des Individuums legte und ein umfassendes Unterrichtsprogramm hatte. Der Zweck war immer noch religiös, aber das Auswendiglernen war nicht mehr das wichtigste Ziel des Unterrichts. Parallel dazu brachte die Aufklärungszeit auch den Gedanken hervor, dass die Schule die Kinder zu vaterlandsliebenden Bürgern erziehen müsste, sowie die Idee über die Bedeutsamkeit der Kindheit – inspiriert von Denkern wie John Locke (1632–1704), Jean-Jaques Rousseau (1712–1778) und Johann Heinrich Pestalozzi (1746–1827).

> Zwischen 1730 und 1780 verdoppelte sich die Anzahl der Schulen auf dem Land in Dänemark. Durch Gesetzgebung wurde den Kindern der Landbevölkerung der Schulbesuch zugesichert und ab 1814 mit der Elementarschulform für alle Kinder des Landes die Schulpflicht eingeführt. Auf diesem Gebiet war Dänemark ein Vorreiter, denn in vielen Nachbarländern wurden ähnliche Reformen erst im 19. Jh. durchgeführt.
>
> Als Beispiele der neuen Zeit kann die Abschaffung der gewaltsamen physischen Bestrafung genannt werden. Auch wurden im Gegensatz zu früher Schreiben und Rechnen dem Lesen gleichgestellt, hinzu kam die Initiative, Turnen als Fach einzuführen. Die Schulen wurden von Seiten des Staates dazu verpflichtet, Bücher anzuschaffen, die das Wissen der Kinder über Dänemarks Geografie und Geschichte stärken sollten. Zudem sollten Bücher angeschafft werden, welche die Bedeutung der dänischen Sprache als Sprache des Volkes im Gegensatz zu Latein, der Gelehrtensprache, und Deutsch, der Adelssprache, unterstreichen sollten.

Mit der Idee der Hochschule dachte Grundtvig vor allem an die Jugend und die Erwachsenen in der Bevölkerung. Mehrmals schlug er vor, eine volksnahe, staatlich finanzierte Hochschule in Sorø zu gründen: „Die Akademie von Soer". Eigentlich war er dagegen, sich zur Einrichtung der Schulen zu äußern, denn seiner Meinung nach sollte die Schule sich im Verhältnis zur Entwicklung der Gesellschaft entwickeln, so dass die Schüler zu der Welt Stellung beziehen können, deren Teile sie sind.

Er meinte damit nicht, dass man im Voraus ein Rezept für den Schulunterricht herausgeben könnte, da dieser den Anforderungen im Wandel der Zeiten/dem Wandel der Zeit angepasst werden müsste. Er sollte den Schülern „Auskunft über das Leben" geben und sich damit in ein Verhältnis zum gelebten Leben und dessen

Anforderung setzen lassen. Dabei dachte Grundtvig sowohl daran, praktisch in einer Gesellschaft zu funktionieren als auch existenzielle Fragen nach der Bedeutung, ein Mensch zu sein, stellen zu können.

 Was nun die *Einrichtung* einer dänischen Hochschule betrifft, so kann ich mich darauf gar nicht einlassen, da es allem *lebendig Menschlichen* so geht wie uns: wir müssen *erst geboren* werden, bevor man wissen kann, welcher Hut auf unsern Kopf passen wird.[40]

In Zeiten einer politischen und kulturellen Aufrüstung in Dänemark fand Grundtvig es trotzdem wichtig zu äußern, was man dachte und brauchte. Vor allem nach dem dreijährigen Krieg 1848–1851 wurden seine Gedanken über die Bedeutung des Dänentums für die Hochschulen immer umfassender. Es waren nicht nur Zeichen konkreter militärischer Drohungen oder der Wunsch nach einer dänischen Isolation, sondern hing im tieferen Sinn mit seinem Verständnis von Volksgeist, d. h. mit einem Bündel von Vorstellungen und manchmal sogar einer Person, die in der Geschichte des Volkes zu finden war, zusammen.

Dieser Geist ist unter Zwang durch eine fremde Macht nicht zu bewahren, deshalb müssen dänische Hochschulen in dänischer Sprache, Geschichte und Mythologie, so wie dänischem Volksliedgut unterrichten, dazu Staatsverfassung, Gesetzgebung und Geographie lehren. Auch die Naturwissenschaft und die Bedeutung der Weltgeschichte für die Gegenwart waren wichtige Glieder in der Kette der Aufklärungsmaßnahmen zum Besten des Volkes, wobei die Naturwissenschaft in Grundtvigs Vorstellung ihren Platz in einer Universität haben sollte. Zu diesen Plänen gehört auch die

---

40 *Skolen for Livet og Academiet i Soer borgerlig betragtet,* København, Wahlske Boghandel 1838, S. 55.

Idee der Gründung einer großen nordischen Universität in Göteborg als eine Art Gelehrtenkraftzentrum.

Hinter Grundtvigs Schulprogramm verbirgt sich sein staatspolitisches Ideal über die selbstständige Stimme des Volkes gegen die Staatsmacht, ob es nun ein absolutistischer König mit ratgebender Ständeversammlung oder eine vom Volk gewählte Regierung war. Beide Regierungsformen verlangen die Freiheit zur Meinungsäußerung, aber ebenso entscheidend war, eine mündige, aufgeklärte Bevölkerung zu haben, die in der Lage war, vor der jeweils amtierenden Regierung den Wünschen des Volkes Ausdruck zu verleihen. Grundtvig war der Ansicht, dass die elitären Lateinschulen der Entwicklung nicht nützen würden.

Obwohl Grundtvig Pfarrer war, wurde ihm mit der Zeit immer mehr bewusst, dass der Religionsunterricht, der damals Unterweisung im Christentum hieß, eigentlich in die Kirche und nicht in die Schule oder Hochschule gehörte. Selbstverständlich sollte die historische Bedeutung des Christentums überall unterrichtet werden, nicht aber von einem religiös erziehenden Diktat aus. In der Welt der Volksaufklärung und in der Schulwelt durfte nichts den Weg für ein freies Gespräch behindern. Wie in vielen anderen Bereichen spielte auch hier die Freiheit eine wesentliche Rolle. Die Religion sollte nicht schon im Voraus festlegen können, was darüber zu sagen, zu studieren oder zu denken ist. Zwang würde an dieser Stelle zu Heuchelei und Lüge führen, weshalb der Unterricht ein Gespräch und ein Austausch von Erfahrungen sein sollte.

> 🗨 Gewiss lässt sich leicht genug sagen, dass der Gebrauch des Mundes das A und O darstellt, teils weil es das einzige *lebendige* Werkzeug ist, das der Geist auf Erden besitzt, teils weil wir mit dem Volk niemals mehr gemeinsam haben, als was sich damit ausdrücken lässt und wie selbstverständlich von Mund zu Mund geht. Ebenso leicht lässt sich sagen, dass

> Aufklärung nur insoweit gelingen kann, wie das *Selbst-*
> *gespräch* zum *Gespräch* wird, sei es zwischen Alt und Jung,
> sei es zwischen den Jungen untereinander.[41]

Im Unterrichtssektor aber auch auf anderen Gebieten hat Grundtvig stets die Wichtigkeit des Mündlichen betont. Die wichtigste Bildung und Erkenntnis, die in der Schule vermittelt werden, so Grundtvig, geschehen durch das lebendig gesprochene Wort, bei dem Menschen physisch und geistig Bekanntschaft miteinander machen. Im mündlichen Gespräch wird die Freiwilligkeit und die Lust zum Lernen zweckmäßiger gedeihen, als durch Lesen oder trockenes Vorlesen. Unter Benutzung von Grundtvigs eigener Begrifflichkeit hat die Forschung sein Unterrichtsideal die lebendige „Wechsel-Wirkung" zwischen Lehrer und Schüler. Mit diesem Begriff beschrieb er den gegenseitigen Nutzen den sie voneinander haben, und ließ sich dabei von englischen Internaten und Colleges an den Universitäten inspirieren, sowie von der sogenannten Bell-Lancaster-Methode, bei der die Schüler sich gegenseitig unterrichten.

Der Traum von einer Schule ohne Prüfungen
Nach Grundtvigs Meinung, sollte die staatliche Hochschule examensfrei sein und der Unterricht in einem ordentlichen und aufrichtigen Dialog stattfinden, der in einer Prüfungssituation nicht bewahrt werden kann. Weder Lehrer noch Schüler kämen hier zu ihrem Recht. Das Examen ist damit eher ein sinnloses Verhör, als ein frei entwickeltes Gespräch. In einem unfreien Milieu gedeihen keine Wahrheiten. Wenn hier jemand geprüft werden muss, dann müssten eher die Schüler ihre Lehrer prüfen. Grundtvig konnte keinen Sinn darin erkennen, wenn Lehrer über Dinge Fragen stellen sollen, über die sie besser Be-

---

41 Vgl. *Schriften*, S. 464/*Bøn og Begreb om en Dansk Højskole i Soer,* København, Wahlske Boghandlings Forlag 1840, S. 20.

5. Der Volksaufklärer

> scheid wissen. Es war eine künstliche Situation, die zu nichts Gutem führen konnte. In Zeiten, in denen es schwierig war, Kursteilnehmer an den Hochschulen zu finden, wurde dieser Gesichtspunkt häufig diskutiert, u. a. weil die Aufenthalte nicht examiniert und punktbewertet wurden und dies sich als Nachteil im Ausland erwies, wo man diesem Ideal nicht gefolgt war. In anderen Zusammenhängen wurde Grundtvigs examenskritische Haltung als Grund einer besonderen Form von Schwäche angesehen, die sich im dänischen Unterrichtswesen verbreitet hatte.

Lebendiger Vortrag und Dialog im Unterricht waren wichtige Elemente in Grundtvigs Gedanken über Hochschulen. Die Zeichnung von Joakim Skovgaard zeigt Ernst Trier an der Vallekilde Højskole 1888.

Obwohl sich Grundtvig seinen Traum von einer Hochschule in Sorø in der Form, die er sich wünschte, nicht erfüllen konnte, haben seine Gedanken über Bildung, Aufklärung und Unterricht tiefe und dauerhafte Spuren auf alle Bildungseinrichtungen Dänemarks hinterlassen.

Die erste Heimvolkshochschule mit einer gewissen Verbindung zu den Ideen von Grundtvig wurde 1844 in Rødding errichtet. In den folgenden Jahren kamen viele andere dazu, und im April 2018 gab es 70 in ganz Dänemark. Wenn auch diese Schulen mal mehr, mal weniger mit Grundtvig in Verbindung stehen, sind seine Ideen über Dialog und mündlichen Unterricht in den Schulen trotzdem von großer Bedeutung. Dennoch war die Monologform eines Vortrags bis weit ins 20. Jhd. die meist verbreitete Methode. Die Idee von einer Internatsschule, in der Lehrer und Schüler gemeinsam während einer Periode wohnen, ist nicht sehr weit von Grundtvigs ursprünglicher Vorstellung entfernt, auch der Unterricht in Sprache, Literatur, Mythologie und Geschichte folgt seinen Vorschlägen.

Bis weit hinein in das allgemeine dänische Schulwesen sind Grundtvigs Gedanken über Aufklärung, Bildung, den mündlichen Vortrag und die Lust am Lernen wesentliche Inspirationsquellen. Zu hohem Ansehen als Volksaufklärer gelangte er auch außerhalb Dänemarks mit seiner Idee der Bildung als positiver Beitrag zur *Entwicklung* einer Gesellschaft.

Licht als Auge des Lebens

Das 1839 geschriebene Gedicht, „Ist Licht denn für Gelehrte bloß" – oder nur „Aufklärung" genannt – entstand aus Anlass der Einweihung des Danske Samfund, eines Diskussionsforums, das im selben Jahr von Grundtvig gegründet wurde. Der Verein, der einmal pro Woche tagte, hatte zum Zweck, durch Gesang und Vortrag zur Aufklärung über die dänische Sprache und die Gesellschaft beizutragen und damit das Dänentum zu stärken. Im Gegensatz zu anderen Vereinen konnte sich hier jeder frei anmelden und, sollte er Lust dazu haben, auch vortragen. In der Regel aber war es meistens Grundtvig selbst, der den Vortrag hielt, ohne viel Dialog mit den Zuhörern.

Das Lied enthält Grundtvigs Gedanken über die Aufklärung, die allen Gesellschaftsschichten zu Gute kommen sollen, nicht nur den Mächtigen und Intellektuellen. Dabei denkt er an die selbstständigen Bauern, die, wie er meint, der Kern des Volkes sind. Die Bauern brauchen die Aufklärung, um dadurch zur erwachenden Volksstärke beizutragen. Das Licht ist nicht nur ein physisches, sondern in hohem Maße auch ein geistiges. „Das Wort in unserem Mund", d.h. Sprache und das gesprochene Wort, sollen die Aufklärung tragen und nicht begrenzt werden. Die Aufklärung ist „das Auge des Lebens", jenes Auge, das den Blick auf das Leben ermöglicht. Nichts ist zu klein, um darüber aufzuklären. Der Norden soll durch seinen freien Zugang zur Aufklärung bekannt werden, so dass z.B. die richtigen politischen Entscheidungen in den ratgebenden Ständeversammlungen getroffen werden können.

Rødding Højskole von 1844.

Aufklärung

Ist Licht denn für Gelehrte bloß,
dass recht sie schreiben können?
Nein, And'ren will der Himmel auch
Sein Licht als Gabe gönnen!
Mit Bauern steht die Sonne auf,
und nicht mit den Gelehrten,
ja die am Tage Wirkenden
sind recht die Aufgeklärten.

Ist Licht denn nur im Sternenkreis,
dem Blick und Sprache fehlen?
Ist nicht das Wort in unsrem Mund
ein Licht für alle Seelen?
Wie's Sonnenlicht uns Körper zeigt,
Lässt's Wort uns Geister sehen;
es schlägt in unsre Seele ein
wie Blitz aus Wolkenhöhen.

Ist Licht denn halb nur zu erhöhn,
und scheint es sonst vergebens?
Tut Licht nicht allenthalben gut,
Ist's Auge nicht des Lebens?
Soll Missbrauch Schuld dran sein, dass
auf des Geistes Himmelbogen
wir lieber Nacht und Dunkel sehn
als blanke Sonnen-Lohen?

Nein, nie vom Norden sage man,
wir wolln das Licht verdunkeln!
Als *Nordlicht* wir's am Himmel sahn
in freien Worten funkeln,
und sichtbar es am Nordpol wird,

nicht nur im Körperreiche:
Die wackre Sommersonne will
der Mitternacht nicht weichen!

Aufklärung über's kleinste Gras
Solln wir mit Lust erstreben,
vor allem doch mit Volkes-Mund
Aufklärung über's *Leben;*
Dem *Tun des Volkes* sie entspringt
Und wächst, wie man sie wieget,
sie strahle in *des Volkes Rat,*
bis *Abendstern* versieget!

Vgl. *Schriften,* S. 515–516/„Er lyset for de Lærde blot", *28de Mai i Danske Samfund 1839* (Broschüre).

Aufgeklärte und nützliche Bürger können und sollen wir alle nämlich werden

Die Schrift *Skolen for Livet og Academiet i Soer borgerlig betragtet* (Schule fürs Leben und die Akademie in Soer bürgerlich betrachtet) entstand 1838 auf Aufforderung vom Kronprinzen, der ein Jahr später König Christian der VIII wurde. In diesem Text liefert Grundtvig eine Darstellung seiner Ansicht über die Hochschule, die er als „Schule fürs Leben" bezeichnet. Man kann sich einbilden, dass die Schule der Gelehrten das Leben im Voraus erklären kann, dies aber würde das Leben nicht unterstützen. Das Leben möchte eine Schule, die über die Anforderungen des Lebens aufklärt.

Grundtvig unterscheidet drei Arten von Schulen: Kirchliche Schulen, Bürgerschulen und gelehrte Schulen. Die ersten sind für Pfarrer, d.h. für Theologiestudenten, die zweiten verkörpern seine Idee der Hochschule und die dritte Form sind die Universitäten.

Der Gegenwart fehle es an der zweiten Art der Schulen, so Grundtvig. Es fehlen eben gerade die notwendigen Hochschulen für das Bürgertum, die alle Bürger ungeachtet ihres Bildungshintergrundes besuchen können, wenn man eine gut funktionierende Gesellschaft aufbauen möchte. Es ist also nicht die Rede von einer Schule für beispielsweise nur Bauern und Handwerker.

Ganz im Gegenteil brauchen die Lateinschüler, die später in ihrem Leben als Hochgebildete auch die höchsten geistlichen und weltlichen Ämter im Land bestreiten sollen, in Wirklichkeit diese Bürgerschule genauso dringend wie andere, denn nur dort kommen sie in Berührung mit dem Volk und der Gesellschaft, der sie später dienen sollen.

Die Schule fürs Leben und die Akademie in Soer

Zuerst will ich mich denn nun bemühen, so deutlich wie möglich zu sagen, was ich unter der *Schule fürs Leben* verstehe, da ich gemerkt habe, dass die meisten nicht nur sehr dunkle, sondern sehr verkehrte Vorstellungen von einer solchen Einrichtung haben (...), dass *das Leben* sich *erklären* lassen kann und soll, *bevor* es gelebt wird, sich *umschaffen* lassen kann und soll nach der Gelehrten Kopf, diese Einbildung, die alle Schulen, die sie gegründet, zu *Auflösungs*-und *Todes*-Werkstätten machen muss, wo die Würmer auf Kosten des Lebens üppig leben, dieser Einbildung habe ich ganz abgeschworen und behaupte, wenn die *Schule* wirklich eine für das *Leben* nützliche *Aufklärungsanstalt* werden soll, muss sie zum ersten nicht die Aufklärung oder sich selbst zum Zweck erheben, sondern das *Wohl des Lebens* und zum Zweiten *das Leben* nehmen, wie es *wirklich* ist und nur danach streben, seine *Brauchbarkeit* aufzuklären und zu fördern; denn keine Schule kann ein neues *Leben* in uns schaffen und darf deshalb weder das Alte abbrechen noch die Zeit damit vertun, Regeln zu entwickeln, von denen man meint, dass ihnen, wenn wir es hätten, ein anderes und besseres Leben folgen würde.

Da sich nun das Menschenleben in all seiner Vielfalt doch auf drei Hauptrichtungen zurückführen lässt: auf die *göttliche, bürgerliche* und *wissenschaftliche,* kann man sich auch *drei* Arten von *Schulen* fürs *Leben* denken: nämlich *die Kirchenschule, die Bürgerschule* und *die Gelehrtenschule,* die natürlich dieselbe Verschiedenheit haben müssen, wie das entsprechende Leben. Aber genauso wie man in *Roskilde* und *Viborg* nur die *Bürgerschule* vermisste, will ich hier nur bei dieser verweilen, und kann es umso besser, weil es die Einzige ist, die für uns alle *gemeinsam* sein kann. *Dänische Bürger,* aufgeklärte und nützliche Bürger, können und sollen wir nämlich *alle* sein, *Professoren* und *gelehrte Männer* können und sollen aber offenbar nur sehr *wenige* auf einmal sein (...) Schließlich haben wir unleugbar eher zu viele als zu wenige, zu große als zu kleine Anstalten, um *Pfarrer* und *Professoren* auszubilden, während wir überhaupt *keine* haben, um *dänische Bürger* zu bilden, so dass, selbst wenn alle unsere Schuleinrichtungen im übrigen vortrefflich und zweckmäßig wären, sie doch höchst *mangelhaft* wären, solange uns eine *Hochschule* für das *Volks-* und *Bürgerleben* fehlt, an dem wir alle teilhaben können und sollen, und das wir außerdem als die natürliche *Wurzel* und *Quelle* für alle unsere *lebendigen* Bestrebungen betrachten müssen. Wenn darum *dieses Leben* geringgeachtet und übersehen wird, muss alle andere Aufklärung ebenso in sich selbst tot sein, wie auch tödlich für das Volk und schädlich für das Reich.

(...)

Wäre deshalb eine *königlich dänische* Hochschule *nicht* notwendig für andere im ganzen Reich, so wäre sie es doch bis auf weiteres im höchsten Grad für die *Lateiner* von *Kindesbeinen* an, die in ihrer gesamten Amtsführung, wenn diese wohltätig sein soll, sowohl *dänisch sprechen und denken,* als auch mit den Besten ihr *Vaterland* und seine Verfassung lieben und kennen müssen. Aber teils wird sich dies nicht verwirklichen lassen, ohne dass sie auf der *Hochschule* in lebendige Berührung und Wechselwirkung mit einigen Gleichaltrigen kommen, die nichts anderes als *Dänisch* können, und doch aus Erfahrung einen größeren oder kleineren Teil des Vaterlandes, Volks- und Bürgerlebens ganz anders kennen, als es in irgendeinem Buch beschrieben wird.

(...)

Außerdem würden die zukünftigen *Beamten* in hohem Maße einen solchen lebendigen Unterricht in *der Muttersprache* und eine solche lebendige Kenntnis des Volkes und Landes benötigen, selbst wenn sie, wie wir für die Zukunft hoffen, eine vorläufige Ausbildung bekämen, die *dem Dänentum* keineswegs feindlich gegenüberstünde, vielmehr aufs freundlichste damit verbunden wäre. Selbst wenn man sich nämlich, wie ich innig wünsche und zuversichtlich hoffe, *im Norden lateinische Stilisten, klassische Denker* und *römische* Redner als *Beamte* verbittet, so wird doch immer die vorläufige Kenntnis *der Bibel* und deren *Grundsprachen,* die man beim *Pfarrer* erwartet, und die Kenntnis von *Gesetz und Anordnung,* die man vom *Richter* fordert, ziemlich viel Vorbereitung mit Büchern nötig machen, die im jüngeren Alter immer, wenn sie mit Fleiß betrieben wird, eine gewisse Einbildung, volksscheue Steifheit, Buchgelehrsamkeit und Pedanterie mit sich führt, welche alleine die Wechselwirkung auf einer volkverbundenen Hochschule so gut wie nötig machen würde. Gilt dies nun von *allen königlich dänischen* Beamten, die, um in Wahrheit brauchbar und nützlich zu sein, ebenso gut *volksverbunden* wie *königlich* sein müssen, dann wohl auch für die, welche sich zweckmäßig für die *höheren geistlichen und weltlichen Ämter* vorbereiten, die notwendigerweise großen Einfluss auf die allgemeinen und durchgreifenden Maßnahmen haben! Wie absolut notwendig muss nicht die *lebendige* Kenntnis *des Volkes und des Landes,* wie sie jetzt sind, für sie sein.

Vgl. *Schriften,* S. 426 f. und 429 f./*Skolen for Livet og Academiet i Soer borgerlig betragtet,* København, Forlag af den Wahlske Boghandel 1838, S. 20–28.

Lust auf Schule

Grundtvig konnte sich nie seinen Wunsch zur Gründung der großen Hochschule für das Volk in Sorø erfüllen. Stattdessen eröffnete er am 3. November 1856 in der Nähe von Kopenhagen, auf dem heutigen Nørrebro, seine eigene Schule, die er nach seiner zweiten Frau Marie Toft „Marielyst" nannte. Seine Frau war zwei Jahre zuvor verstorben. Heute sind die Hochschulen Marielyst und Frederiksborg Højskole unter dem Namen Grundtvigs Højskole zusammengelegt.

Die Gründung wurde mit Geldern finanziert, die Grundtvig aus Anlass seines 70. Geburtstags 3 Jahre zuvor von Freunden erhalten hatte. Er nahm Teil an der Entwicklung der Schule, war selbst als Lehrer aber dort nie beschäftigt, und er überließ damit die Leitung anderen. Er hielt an der Schule im Laufe der Jahre verschiedene Vorträge und war mit seinen Reden fester Bestandteil der Eröffnungs- und Abschlussfeiern. Hier entwickelte er an einer konkret existierenden Schule als etwas Neues seine Ideen über wohlbekannte Themen wie Aufklärung, Freiheit, Volksnähe und Dänentum.

Die Eröffnungsrede zum Wintersemester 1857 behandelt das Thema der Lust auf Schule. Grundtvig beginnt mit einer gewaltigen Polemik gegen die Schulmeister, d. h. gegen strenge Lehrer aller Sorten, die dem Zwang im Unterricht huldigen und denen es eigentlich gleichgültig ist, ob die Schüler etwas lernen, wenn sie bloß tun, was der Lehrer sagt. Im Verlauf der Rede nimmt er kräftig Abstand von dem Typus Unterricht, der ein Würgen im Hals der Schüler hinterlässt. Genauer gesagt und bildlich ausgedrückt wird dem Schüler so viel in den Hals gestopft, dass dieser am Ende alles wieder herauswürgen muss.

Keiner muss die Schule besuchen, wenn er nicht Lust darauf hat und nicht versteht, weshalb er dorthin gehen soll. So ist es schon vielen Kindern ergangen. Deswegen ist es notwendig, diese Schulen zu haben und den Unterricht den verschiedenen Fragen des Lebens dessen anzupassen, der die Fragen gestellt hat. Eine Grundlage dieser Schulen ist ja gerade die Tatsache, dass das Volk selbst die Fragen stellt, so wie die Lebenssituationen es verlangen, sonst lernt man nur um des Lernens und des Lehrers willen und nicht fürs Leben. Dies genau ist das Problem, das es bis heute an den gelehrten Schulen gibt. Für diese Schulen ist exakt dies wichtig, dass die jungen Menschen freiwillig kommen, um die Muttersprache und die Vaterlandsgeschichte zu lernen.

Marielystrede
Zur Eröffnung der Winterschule am 7. Dezember 1857.

Die Lust treibt das Werk voran, ein altes und wahres Wort und nirgendwo sonst ist es so klar wie in der Schule, und selbst die allerschlechtesten Schulmeister wissen das sehr gut, und wenn die Kinder bei ihnen nichts lernen, dann sagen sie ja immer, es sei der Kinder eigene Schuld, weil sie faul und nachlässig sind und keine Lust haben etwas zu lernen; wenn aber trotzdem die meisten Schulmeister die Kinder am liebsten an den Haaren ziehen oder gewaltsam zur Schule hinschleppen würden, und von den Eltern Bußgelder fordern, wenn dies nicht geschieht, da zeigt es sich, dass es sie nur wenig kümmert, ob die Kinder in der Schule etwas lernen oder nicht, wenn sie nur dorthin kommen; (...) Dies ist nämlich das große Unglück, dass man sowohl beim erzwungenen Kirchgang, wie beim erzwungenen Schulgang, weit weg vom Nutzen mehr Schaden davon trägt, entweder man lernt etwas daraus oder nicht, denn es geht mit der Kenntnis und der Lehre wie mit dem Essen und Trinken, wenn man das Volk nötigt, kommt es leicht in den falschen Hals oder es wird ihm übel, so dass es sich so schnell wie möglich erbrechen muss. Letzteres, meinen wohl die meisten Schulmeister, ist nun gerade die Verpflichtung ihrer Lehre, denn darum hören sie jeden Tag Lektionen ab, halten Examen zweimal im Jahr, damit die Kinder ordentlich alles *ausspucken,* was man ihnen aufgezwungen hat, damit die Schulmeister etwas für ihre Mühe bekommen, aber die armen Kinder haben davon offenbar nur Schmerzen und bekommen leicht einen solchen Ekel vor allem, was nach Schule riecht, dass selbst wo sie etwas gutes lernen könnten, selten oder gar nie Lust haben zu kommen.

Siehe, dies ist der Grund, weshalb ich schon viele Jahre alles, was ich nur konnte, gesagt und geschrieben habe, damit die armen Kinder die Erlaubnis bekommen, die Schule zu schwänzen, wenn sie keine Lust haben dorthin zu gehen, denn ich weiß, dass sie dadurch nichts versäumen, aber die Schulmeister bekämen dadurch einen tüchtigen Schubs, sich aufzurichten und so Schule zu halten, dass die Kinder Lust haben zu kommen; daran liegt es, dass ich auf meine alten Tage endlich diese kleine Schule zustande gebracht habe, wo keiner hinkommt, außer er hat Lust dazu, wo wir einiges zu verschenken haben, aber nicht zwangsweise, und wo wir weit entfernt davon sind, das Volk ausspeien zu lassen, was es bekommen hat, bevor es uns verließ; so bitten wir, unbedingt zu bewahren, was für alle Tage zum Guten dienen wird.

Es ist nämlich keine Schule für Kleinkinder, womit wir hier begonnen haben, aber es ist, was wir eine Hochschule für Erwachsene nennen, teils müssen wir den Erwachsenen doch noch vieles erzählen, was sie eigentlich in der Schule als Kleinkinder schon hätten hören sollen, denn sie haben es wie gewöhnlich nicht zur rechten Zeit gehört, und teils ist es viel, worüber alle Menschen Bescheid wissen sollten, aber erst beim Aufwachsen mit Lust lernen können und reif werden dies zu verstehen. Wenn man nämlich Menschen haben will, die mit Lust lernen wollen, was für sie von Nutzen sein kann, muss man sich nach deren Alter und Auffassungsgaben richten, so dass man ihnen nicht mehr Auskunft gibt, als sie Bescheid wissen wollen, und würden deshalb, falls sie den Mund aufmachen können, selbst darum bitten und fragen, und das ist es, was sie ohne weiteres von unserem Herren gehört haben, dass er es mit seinen Jüngern so gemacht hat, so viel sie ertragen konnten und nicht mehr, obwohl er selbst allwissend war.

In allen unseren Kinder-Schulen ist die Hauptsache bis jetzt nämlich die gewesen, die Kinder *lesen, schreiben* und *rechnen* zu lehren, und just weil dies im Ganzen als die Sache der Schule betrachtet wurde, oder doch als Hauptsache, wurde dies Kinder-Lesen, Kinder-Schreiben und Kinder-Rechnen nicht im Verhältnis zu der Lust vermittelt, die man im Kindes-Alter erwarten könnte, oder im Hinblick auf den Nutzen und das Vergnügen, das die Kinder später in ihrem wirklichen Leben davon hätten, wenn sie erwachsen werden, sondern man führte das durch, allein um des Lesens, des Schreibens und des Rechnens willen, das so weit wie möglich vorangetrieben werden sollte, ohne jede Rücksicht auf Lust und Begabung oder Nutzen und Verwendung, wie man es im Leben der Kinder erwarten sollte.

Auf der Grundlage von totem Lesen, steifer Schreibfeder und leerem Rechnen, das man um dieser selbst willen lernen soll, baute man nun niedrigere oder höhere Babels-Türme aus *Buch-Wissen* in allen Schulen, ob sie Allgemein-Schulen, Bürger-Schulen, gelehrte Schulen oder Universitäten und Hochschulen heißen, so das man mehr und mehr Bücher in der Muttersprache oder später in einer Fremdsprache auswendig lernt, je mehr, umso besser, ohne zu fragen, ob all dieses Buchwissen zum Nutzen oder Schaden im Menschen-Leben der Jungend werden wird, zur Schwächung und Versuchung, oder zur Bestärkung und Aufklärung; so dass alle die äußerst Hochgelehrten und Schulmeister im Lande und die liebsten Jünger dem wirklichen Menschen-Leben, das auf der Welt gelebt wird, für gewöhnlich immer fremd bleiben, dies verachten werden, als etwas Grobes und Unklares, womit sie sich nicht mehr als unbedingt nötig befassen, da es unter ihrer Würde liegt.

5. Der Volksaufklärer

Dass dies nun völlig verrückt ist, kann man mit einem halben Auge sehen, weshalb es notwendigerweise ganz anders werden muss, wenn unsere Schulen von Kindern und Jugendlichen mit Lust besucht werden sollen, und wenn sie nicht statt Nutzen nur einen nicht wieder gut zu machenden Schaden anrichten sollen, denn es ist ein nicht wieder gut zu machender Schaden, wenn die Lust zur Aufklärung geschwächt wird, statt sie in der Schule zu wecken und zu nähren, und wenn die ausgelernten Schüler, die wie ihr Meister sind, nicht aufklärt werden über das Menschen-Leben, sondern sich auf Bücherwissen etwas einbilden, (...) obwohl es im Einzelnen noch viele Fragen sein werden, die wir noch nicht beantworten können, so können und sollten wir doch im Ganzen voraussetzen, dass die Jugend, die freiwillig zu uns in die Schule kommt, Lust auf wahre Aufklärung über das Menschen-Leben hat, für sich selbst und für das, was ihr am nächsten liegt, und dass die Aufklärung, die wir den Jugendlichen über ihre eigene Muttersprache mitteilen können, und überhaupt von all dem Unsichtbaren, das ihnen am nächsten liegt, niemals umsonst sein wird, sondern ihnen allen zu Nutze, eben mehr oder weniger, so dass sie je nach ihren Fähigkeiten sich befleißigen, es zu verstehen und recht zu gebrauchen.

Siehe, deshalb ist dies, was wir in unserer Schule so eifrig vorantreiben, die Jugend anzuleiten mit den Augen zu sehen und die Fähigkeiten der Seele zu nutzen, die unser Herrgott ihnen gegeben hat, nämlich in ihrer eigenen dänischen Muttersprache richtig zu denken und zu sprechen, und die Bekanntschaft mit den Bemerkenswerten Taten unserer eigenen Vorväter zu machen, was sie nun gedacht und gesagt und gesungen haben, denn wir wissen, dass dies dem ganzen dänischen Volk gut tut, und auf das sie nicht verzichten sollten, was auch immer für Beschäftigungen sie im Alltag betreiben oder in welcher bürgerlichen Stellung sie sich befinden oder in welche sie kommen werden. (...) Wenn wir deswegen gerne, soweit die Kräfte und die Zeit reichen werden, den Jugendlichen eine lebendige Vorstellung von den schönsten und bemerkenswertesten Gegenden des Vaterlandes geben wollen, über die wichtigsten Tätigkeiten und Handarbeiten, oder Ähnlichem, da wäre es für uns und die Jugend am besten, das nicht vom eigentlichen Nutzen her zu betrachten, sondern von der aufmunternden Seite.

Taler paa Marielyst Højskole 1856–1871, hg. von Steen Johansen, København, Gyldendal 1956, S. 41–46.

Gemälde von C. A. Jensen, 1843.

6. Der Liederdichter

 Gib mir Gott die Lieder-Zunge!
Dass ich so recht mit Schwunge,
singen kann ganz laut und rein.
Und ich mit Freuden fühle:
Im süßen Singen bin ich Dein
Ganz ohne Trug und Schein.[42]

---

42 *Nordisk Kirke-Tidende* Nr. 44, 1836, Sp. 691.

Durch seine umfassende literarische Produktion an Gedichten, Liedern und poetischen Reden konnte Grundtvig großen Einfluss auf die dänische Sprache nehmen. Manchmal weiß man gar nicht, ob eine bestimmte Ausdrucksweise doch von ihm stammt. Wenn man zum Beispiel sagt: Dänemark ist das Land, in dem wenige zu viel, und noch weniger zu wenig haben. Solche Zeilen haben den Weg in die allgemeine Sprache gefunden.

Seinen größten Einfluss erlangte er als Dichter von Kirchenliedern, und heute noch kommt es selten vor, dass in einem dänischen Gottesdienst nicht mindestens ein Lied von Grundtvig gesungen wird. Gezählt sind es fast 1600 Lieder, die natürlich nicht alle im Gesangbuch enthalten sind, trotzdem kommen seine Lieder am häufigsten vor. Werden Übersetzungen und Nachdichtungen von ihm mitgezählt, beläuft sich der Anteil seiner Lieder im aktuellen dänischen Gesangbuch auf 253 von 791.

Mit dem Auftragswerk *Sangvaerk til den danske Kirke* von 1837 (Liedgut für die dänische Kirche) steigt der Bekanntheitsgrad seiner Kirchenlieder. Für diese Arbeit wurde er von seinem Freund Gunni Busck (1798–1869) wirtschaftlich unterstützt, wobei nicht das Geld für Grundtvig ausschlaggebend war, sondern seine wachsende Ambition, die Bewusstheit um die Geschichte des Christentums zu erhöhen und seine wachsende Überzeugung, dass er selbst ein Erneuerer des Christentums sein sollte. Grundtvig hatte schon davor einige Kirchenlieder geschrieben, aber mit der Entdeckung der lebendigen Kirche 1825 und der anwachsenden Anhängerschaft im Laufe der 1830-er Jahre konnte er die Aufgabe mit neuem Rückenwind und Tatendrang in Angriff nehmen.

6. Der Liederdichter

Grundtvigs Kirchenlieder

Grundtvig ist im dänischen Gesangbuch gut vertreten, unter anderem sind diese Titel sehr bekannt und werden häufig gesungen:

- Lovsynger Herren, min Mund og mit Indre
  (Lobsinge dem Herren, mein Mund und mein Inneres)
- Giv mig, Gud, en Salmetunge
  (Gib mir Gott die Lieder-Zunge)
- Alt, hvad som Fuglevinger fik
  (Alles, was Vogelschwingen hat)
- Vær velkommen, Herrens Aar
  (Sei willkommen, Jahr des Herren)
- Blomstre som en Rosengaard
  (Blühen wie ein Rosengarten)
- Det kimer nu til Julefest
  (Es läutet nun zum Weihnachtsfest)
- Velkommen igjen Guds Engle smaa
  (Willkommen, du liebe Engelschar)
- Et Barn er født i Bethlehem
  (Ein Kind ist geboren in Bethlehem)
- Dejlig er den Himmel blaae
  (Herrlich ist der Himmel blau)
- Hil dig, Frelser og Forsoner
  (Heil dir, Erlöser und Versöhner)
- Paaske-Blomst hvad vilst du her
  (Osterglocke! Was willst du hier)
- Tag det sorte Kors fra Graven
  (Nehmt das schwarze Kreuz vom Grabe)
- I al sin Glands nu straaler Solen
  (In vollem Glanz nun strahlt die Sonne)

- O, Christelighed/Jeg Kiender et Land
  (Oh, Christlichkeit/Ich kenne ein Land)
- Den signede Dag med Fryd vi ser
  (Den seligen Tag wir fröhlich sehen)
- du Guds Lam! (Oh, du Lamm Gottes)
- At sige Verden ret Farvel
  (Recht Abschied nehmen von der Welt)
- Sov sødt, Barnlille (Schlaf, Kindelein, Schlummer)
- Det er saa yndigt at følges ad
  (Es ist so reizend zusammen zu gehen)
- Vær velkommen, Herrens Aar (nytaar)
  (Sei willkommen, des Herren Jahr (Neujahr)
- Nu falmer Skoven trindt om Land
  (Nun welkt im ganzen Land der Wald)
- Morgenstund har Guld i Mund
  (Morgenstund hat Gold im Mund)[43]

Diese Lieder waren teilweise Übersetzungen aus anderen christlichen Traditionen. Über Kirchenlieder der älteren dänischen Tradition und über Luther hinaus übersetzte Grundtvig beispielsweise Kirchenlieder der englischen, mittelalterlich-katholischen oder griechisch-orthodoxen Kirche. Dies war sozusagen eine Folge seines historischen Verständnisses von Christentum und seiner neuen Auffassung von Kirche nach 1825, sich außerhalb der dänischen Tradition umzuschauen. Charakteristisch für Grundtvig ist jedoch, dass er die Lieder nicht nur übersetzt, sondern nach eigener Ansicht über das Christentum umgedichtet hat.

Grundtvig glaubte, dass Gott in Gestalt des Heiligen Geistes im Gottesdienst anwesend ist und während Kirchenlieder gesungen werden, Gottes Reich anbricht. Durch das Singen im Gottes-

---

43 Vgl. *Schriften*, S. 168 f.

dienst spricht der Mensch mit Gott. Diese Zwiesprache widerspiegelt Grundtvigs Auffassung der Kirchenlieder als Lobgesang d.h. als Dank an Gott für das Leben auf Erden und die Erlösung in Christus. Durch das Singen von Kirchenliedern kann der Mensch, so Grundtvig, dazu gebracht werden, sich selbst als Teil von Gottes Geschichte mit den Menschen zu verstehen, und das von Beginn der Schöpfung an bis zum letzten Tag und bis zum Leben nach dem Tod.

Fast alle Lieder Grundtvigs sind voller Hinweise auf biblische Berichte aus dem *Alten und Neuen Testament,* die er mit Gegenwartssituationen oder mit Bildern aus dem Gemeindeleben, der Geschichte und der dänischen Natur verknüpft. Viele seiner Kirchenlieder sind direkt über einen Bibeltext geschrieben und Grundtvig war sich der Rolle sehr bewusst, dass Gott ihn mit besonderen prophetischen Eigenschaften ausgestattet habe, um den Plan des dreieinigen Gottes mit der Geschichte des Menschen zu deuten.

> **Gottes Dreieinigkeit**
> Grundtvig war Anhänger der traditionellen christlichen Lehre über die Dreieinigkeit Gottes, d.h. denselben Gott in Einem und in Dreien. Es herrschte schon immer Uneinigkeit in der Auslegung dieser Lehre, in der auch die Unterschiede zum Judentum und zum Islam bestehen. Grundtvigs Gedankengang war vom apostolischen Glaubensbekenntnis geprägt. In seinen Kirchenliedern erwähnt Grundtvig oft Vater, Sohn und Heiligen Geist, aber besonders bekannt wurden seine Beschreibungen des Heiligen Geistes in den Liedern zum Pfingstfest.

Die Naturbilder, die Grundtvig benutzt, sind typisch für ihn, z. B. die Spiegelung zwischen Himmel und Erde, die bildhaft für den Tag steht, den Gott immer aufs Neue als Gabe des Lebens segnet.

> Den seligen Tag wir fröhlich sehen
> Zu uns aus dem Meere kommen.
> Er leuchte am Himmel mehr und mehr
> Uns allen zu Lust und Frommen![44]

Diese sehr eigene Ausdrucksweise bei Grundtvig unterscheidet sich von den meisten dänischen Kirchenlieder-Dichtern, z. B. seinen beiden Vorgängern Thomas Kingo (1634–1703) und Hans Adolf Brorson (1694–1764), die eine einfache Bildersprache benutzen. Es wurde oft behauptet, dass die anderen Kirchenlieder-Dichter sich direkter an die Gottesdienstbesucher wenden und dass Grundtvigs Liedern Trost und Innerlichkeit fehle. Das bemängelt z. B. Søren Kierkegaard (1813–1855), wenn er sagt, Grundtvig sei als Hymnenschreiber wie ein „jodelnder flotter Bursche" oder ein „brüllender Grobschmied".[45]

Bezeichnend ist auch, dass Grundtvig in seinen Kirchenliedern häufig zum Ausdruck bringt, dass Gott sich stets in der näheren Umgebung des Menschen aufhält, dem allgemeinen Menschenleben nie fremd, ganz im Gegenteil, ist er einer, der es kennt und bereichert. Dies war der Grund dafür, dass Gott einmal in der Geschichte ein Mensch in Jesus wurde. In den Liedern ist Jesus oft anwesend als der eine, der Trost und Hoffnung gibt, wenn Verzweifelte oder Trauernde um Hilfe bitten. Das kann beispielsweise aus einem Wunsch heraus geschehen, Gott möge in menschlicher Ge-

---

44 Vgl. *Schriften*, S. 177/„Den signede Dag med Fryd vi ser", *Danske Høitids-Psalmer til Tusindaars-Festen*, København, Wahlske Boghandlings Forlag 1826, S. 3.
45 Søren Kierkegaard: *Journalen NB 4, 1847–1848*, in: Deutsche Søren Kierkegaard Edition (DSKE), Band 4, S. 329 (NB4: 6).

> Komm wache in der letzten Nacht
> Bei mir in eines Lieben Tracht,
> komm, setz dich mir zur Seite
> und sprich wie Freund zu Freund mit mir
> vom nahen Wiedersehn bei dir
> befreit von allem Leide![46]

Das Reich Gottes und das irdische Leben sind in Grundtvigs Kirchenliedern nicht weit voneinander entfernt. Er berichtet in ihnen oft vom Tod und den Schattenseiten des Daseins, aber das Leben ist nie nur ein trauriger Ort und eine zufällige Zwischenstation auf dem Weg in den Himmel oder gar ein Ort, von dem man gerne weg gehen möchte. Ganz im Gegenteil ist das Leben der Ort, an dem das Reich Gottes schon unterwegs oder teilweise angebrochen ist.

Die drei folgenden ausgewählten Kirchenlieder beziehen sich auf die drei größten christlichen Feste: Weihnachten, Ostern und Pfingsten.

Weihnachten und Engel

Vermutlich entstand das Weihnachtslied in der Heiligen Nacht von 1824 und wurde am nächsten Tag von der Kanzel aus vorgelesen, für Grundtvig in einer schwierigen Periode, in der er ein großes Unbehagen gegenüber der kirchlichen Situation in Dänemark empfand. Trotzdem ist das Lied in der Vermittlung der Weihnachtsbotschaft voller Optimismus und Trost. Grundtvig beginnt

---

46 Vgl. *Schriften*, S. 223/„At sige Verden ret Farvel", *Kirke-Psalmer udgivne til Prøve*, København, C. A. Reitzel Forlag 1845, S. 51.

mit der Schilderung des Engelsgesangs bei der Geburt des Jesuskindes (Luk 2, 13–14) und mit dieser immer wiederkehrenden Begebenheit kommen auch die Engel in jedem Jahr wieder. Das Wort Engel kommt aus dem Griechischen „angelos", Bote, und in dieser Funktion bringen die Engel die gute Botschaft von der Geburt des Erlösers.

Diese Botschaft bringt Wärme und Licht in die Winter- und Dunkelzeit des Jahres, deswegen bittet man darum, die Engel mögen auch in diesem Jahr kommen und tröstend wird daran erinnert, dass die Engel sich nicht zu gut sind, auch die ärmsten und geringsten Menschen ohne Scheu zu besuchen – vielleicht ein Hinweis auf den Chor der Engel über dem Stall von Bethlehem. Alle Menschen sehnen sich nach dem Gesang der Engel und Gott hat die Menschen deshalb mit blauen Augen erschaffen, damit sich darin der Himmel spiegelt. Damit will Grundtvig nicht sagen, dass Menschen mit blauen Augen etwas Spezielles sind, sondern bloß, dass die Augen der Menschen zeigen, wo sie zuhause sind, nämlich im Himmel. Für den Menschen erscheint der Gesang der Engel ebenso natürlich wie für Blumen der Gesang der Lerchen im Sommer.

Die fünfte Strophe des Liedes beschreibt einerseits das innige Weihnachtserlebnis eines kleinen Kindes, andererseits die Vorstellung, dass alle Menschen Gottes Kinder sind. Mit dem Chor der Engel erwacht der Kindertraum von Bethlehem. D.h. der Traum über alles das, was die Geburt in Bethlehem zu bedeuten hat. Verstärkt durch das Kirchenlied tritt die Verbindung zwischen Himmel und Erde noch deutlicher hervor, ja, die Pforte zum Himmel öffnet sich und das Reich Gottes kommt näher.

Willkommen, du liebe Engelschar

Willkommen, du liebe Engelschar,
aus hohem Himmelssaale
mit Kleidern aus Sonnenschein so klar
im finstern Erdentale!
Trotz klirrendem Frost ein gutes Jahr
ihr bringt für Felder kahle!

Willkommen zur Mitternacht allhier
im Schnee auf Kirchenpfade!
Die Freude der Weihnacht bringet ihr,
wo immer man euch lade.
Oh, geht nicht vorbei an unsrer Tür,
Oh, gönnet uns die Gnade!

Die Hütte ist eng, wo ihr euch schart,
in unsren armen Tagen.
Ihr früher schon Hüttengäste wart,
das ließen wir uns sagen.
Ob irden der Krug, der Kuchen hart,
das werdet ihr ertragen.

Mit freundlichen Augen himmelblau
Die kleinen Kinder liegen,
Wie Blumen, die wachsen auf der Au,
oh, singt an ihren Wiegen,
ja singt, wie im Lenz die Lerchen grau,
die allzu lange schwiegen!

Da schlafen sie süß und sehn im Traum,
dem dunklen und doch wahren,
das Bethlehemskind im Krippenraum,
wie sie von euch erfahren;

da tanzen sie um den Weihnachtsbaum
mit euch, ihr Engelsscharen!

Da wachen sie morgens auf voll Freud
und zählen nicht mehr Stunden;
da summen sie Lieder, die erneut
dem Herzen sind verbunden;
da Glocken mit lieblichem Geläut
das Weihnachtsfest bekunden.

Die Stufen der Töne steigen dort
Die Engel auf und nieder.
Uns bringen sie Gottes Friedenswort
Und ihm die Lobeslieder.
Da öffnet sich Gottes Himmelspfort,
da recht sein Reich kommt wieder!

Oh, dürfen wir nur die Freude sehn
vor unserm letzten Schlummer,
dann schwindet der Schmerz, wie Mutterwehn,
beim Wiegenlied im Schummer!
Lass Vater im Himmel, dies geschehn!
Wieg fort den Weihnachtskummer!

Vgl. *Schriften,* S. 173–175/„Velkommen igjen Guds Engle smaa", *Christelige prædikener eller Søndags-Bog I–III.* København, Den Wahlske Boghandel 1827–1830, Band III, S. 98–99.

Ostern – haben wir etwas zu bedeuten?

Das Lied „Paaske-Lilien" 1817 (*Die Osterglocke)* ist besser bekannt in der Kurzversion „Påskeblomst" in sechs Strophen aus dem dänischen Gesangbuch. Es ist ursprünglich auch kein Kirchenlied, sondern ein Gedicht in zwei Teilen, das einen Rahmen um ein kleines

Drama bildete mit Repliken zwischen Menschen welche die Auferstehung Jesu aus nächster Nähe erlebt hatten; d.h., es ist ein Text, der erst später zu einem Lied wurde, ohne je ein richtiges Kirchenlied zu sein, weil es darin mehr um Grundtvigs persönliche Zweifel und dem Suchen nach Sinn geht, als um den gemeinsamen Glauben der Gemeinde. Der hier ausgewählte Text entstammt der ursprünglichen Strophenform und Reihenfolge.

Der Text beginnt mit einer Reihe vorwurfsvoller Fragen des Dichters an die Blume und daran, wie sie über sich selbst und über ihren Platz in der Großstadt denkt. Keiner schenkt ihr Beachtung, der Dichter der über sie schreiben möchte, wird keine Leser finden – vielleicht ist dies ein Hinweis auf Grundtvigs eigene Situation 1817, als viele nicht verstanden, was er wollte. Ein Hinweis gleichzeitig auf Gottes Sohn, der in die Welt kommt als gewöhnlicher Mensch und nicht als der große König, den man erwartet hatte, und deswegen verspottet, gedemütigt und gekreuzigt wurde. Zu Grundtvigs Zeiten war die Osterglocke eine Blume, die man nicht ins Wohnzimmer stellte, sondern eine Blume die im Straßengraben oder im Bauerngarten wuchs. Die Qualität der Blume liegt nicht in ihrem Duft oder ihrer Schönheit, sondern in ihrer Bedeutung. Sollte die Blume nicht aus der gefrorenen Erde sprießen, wäre sie bedeutungslos. Das aus der Erde sprießen verschmilzt bildlich im Textverlauf mit der Auferstehung von den Toten. Können die Toten nicht auferstehen, wird die Blume, der Dichter und Christus ihre Bedeutung verlieren. Deswegen wird die Geschichte als Zeugin hinzugezogen. Kann sie erzählen, was an Jesus' Grab geschehen ist? Das kann sie wohl. Gerade die Geschichte kann von der Auferstehung berichten und dadurch Trost, Glauben und Hoffnung geben. Das Gedicht schließt mit einer sehr optimistischen Haltung.

Der Dichter der Osterglocke ist sich seiner prophetischen Bedeutung sicher und hat für die, die ihn verhöhnen und verspotten, nur ein Achselzucken übrig.

Die Osterglocke

Blume, sag, was willst du hier!
Bauernblume du vom Lande,
ohne Duft und Pracht und Zier!
Wen bist du zu freun imstande!
Wer wohl, denkst du, wird mit Lust
Drücken zärtlich dich zur Brust!
Meinst du, Vögel würden wagen
Sang auf dich in Danmarks Hagen!

Ja, du weißt, wo du zogst ein:
Sei mir, Ostergruß, willkommen!
In dem Herzenstempel mein
nie sei's Hausrecht dir genommen.
Tönen soll, mit Festtagsklang,
dir zu Ehren mein bester Sang
unter meiner Hütte Dache –
wer's nicht hör'n will, taub sich mache!

Winterblume! Lenz sagst an;
Blühe auf in stiller Kammer!
Gottes Werk und eignen Plan
Nur der Tor der Welt nennt Jammer.
Höhnt nur mein geringes Kleid,
Ohne Glanz und Farbenfreud'!
Selber ich auf schwarzer Krume
Heiß' mich Osterglocken-Blume.

Nicht in Beete bunt und groß
Keimte ich[47] bei Sommerwetter,
erbte nicht den Duft der Ros',

---

47 Jetzt fängt die Blume an, zu sprechen. Deshalb der Wechsel vom Du zum Ich.

nicht der Lilie Silberblätter.
In des Winters Sturmgebraus
Ich auf kargem Land schlug aus.
Stets an mir nur der sich freute,
welcher liebt, was ich *bedeute*.

Bauernblume! stimmt es denn!
Stimmt's das uns Bedeutung eigen!
Dass nicht Tand wir predigen!
Tote ihrem Grab entsteigen!
„Er erstand" – ist wahr dies Wort!
Lebt sein Wort aufs neue fort!
Springt aus gelber Leinwandhülle,
Ostertages Lebensfülle!

Können Tote nicht erstehn,
nichts wir zu bedeuten haben;
welk im Winkel wir vergehn,
keines Gartens Pracht uns laben,
in der Erd' vergessen sein,
wenn nicht schmilzt das Wachs so rein,
dann gegossen wird im Dunkeln,
um als Grabeslicht zu funkeln.

Übers Zeitmeer schweb hinab
zu dem Stein, wo's Licht nicht offen,
zu des Herrn verschlossnem Grab!
Ich dir folg' mit Glaub' und Hoffen.
Lass uns dort am Felsenrand
Sehn, ob nicht der Herr erstand!
Sehn wir ihn, in Glanz entglommen,
Oh, gewiss, sein Reich wird kommen.

Saga! Ja, ich hab's erkannt:
Herrlich er vom Tod erwachte,
Hoffend das sichre Pfand
Eines Osterfrührots brachte.
Was sind Siegel, Schild und Schwert
Diesem kühnen Herren wert!
Spreu, wenn er tut Atemzüge,
der für Pein uns schwor Genüge.

Machte sie mein Aug' nicht lichte
Für den Spiegel, wo ich fand
Der Vergangenheit Gesichte,
sie mit Wahrheitssiegel band!
Fühl ich nicht in meiner Brust,
wie darin mit sel'ger Lust,
unsre Väter sich erheben
im Erinnern hold zu leben!

Winterstürme, Hagel, Schnee
tosend übers Erdreich streichen,
doch im Norden hier ich steh,
einer Blumenzeit zum Zeichen.
Höhnisch spreche ab man mir
Rosenduft und Sommerzier!
Wenn nur dem ich bringe Freude,
welcher liebt, was ich bedeute!

Vgl. *Schriften*, S. 127–135/„Paaske-Lilien", *Danne-Virke Et Tids-Skrift* 1–4, Kiøbenhavn, Schiøtz og Mandra og A. Schmidts Forlag 1816–1819, Band 2, S. 291–325.

Pfingsten, der Heilige Geist und die Kirche

Das Pfingstfest ist das Fest der Gründung, der Kirche durch den heiligen Geist der nach der Himmelfahrt Christi über die Jünger kommt. Für Grundtvigs Christentumsverständnis ist die Existenz des Heiligen Geistes besonders wichtig, denn ohne ihn wird es keine wahre Kirche geben. Grundtvig arbeitet mit mehreren Begriffen des Geistes:

- Er stellte sich vor, dass jedes Volk einen Geist hat, der es zusammenhält. Dabei dachte er an die für jedes Volk eigene Sprache, Kultur, Mythologie und Vorstellungsweise. Diese Charakteristiken machen zusammen genommen den Geist eines Volkes aus. Er spricht z. B. vom Geist des Nordens und meint den Geist, den die Bewohner des Nordens haben.
- Das christliche Volk hat ebenfalls einen Geist: den Heiligen Geist. Dieser ist nicht dasselbe wie der Volksgeist, sondern ein eher universeller Geist, d. h. aber nicht, dass der Heilige Geist den lokalen Volksgeist abschafft, im Gegenteil, er vermischt sich mit ihm und bereichert ihn dadurch. Die Sprache des Heiligen Geistes ist die Sprache, die alle verschiedenen Sprachen zum gemeinsamen reden vereint (Apg 2,1–13).

Die gemeinsame Bedingung für die Existenz von Volksgeist und Heiligem Geist ist die Freiheit, d. h. sie entwickeln sich nur ohne Zwang, z. B. durch den Staat, die Kirche oder die Schule.

Das Kirchenlied „I al sin Glands nu straaler Solen" (In vollem Glanz nun strahlt die Sonne) in seiner heutigen Form stammt von 1853 und beginnt mit der strahlenden Sonne, die als Zeichen der Gnade durch Christus gedeutet werden kann. Es ist Sommer und es ist Pfingsten und nicht nur die Stimmen der Engel (die wir aus dem Weihnachtslied im Winter kennen), sondern auch die ganze Natur prophezeit nun einen goldenen Herbst – also eine große Zu-

Taufe am Pfingsttag als Wirkung des Geistes – der Geburtstag der Kirche (Apg 2, 41)
Immanuelskirche in Frederiksberg, Altartafel von Niels Skovgaard, 1898.

kunft. Nachts wird friedvoll von dem nahenden Paradies geträumt, und am Tage fühlt man überall, dass es bereits wieder eröffnet ist. Die Erklärung dafür ist das Geschenk des Heiligen Geistes, der durch den Vater und den Sohn spricht. Seine Botschaft ist die der Versöhnung nach dem vorausgegangenen Konflikt zwischen Gott und Menschen nach der Vertreibung aus dem Paradis. Dieser Geist ist es, der alle Völker, Sprachen und Gemeinden in einem Dankesgesang versammelt und den Durchbruch von Gottes Reich herbeiführt.

In vollem Glanz nun strahlt die Sonne

In vollem Glanz nun strahlt die Sonne,
des Lebens Licht, der Gnade[48] Wonne,
nun kam der Pfingsten liebe Zeit,
der Sommerblüte Herrlichkeit.
In *Jesu* Namen nun der Geist
Die goldne Ernte uns verheißt!

Die kurze Sommernacht durchschallen
Des Friedenswaldes Nachtigallen,
dass alles, was dem Herrn gehört,
darf schlummern sanft und ungestört,
darf träumen süß vom Paradeis
und wachen auf zu Jesu Preis.

Es atmet himmlisch[49] überm Staube,
es flüstert heimisch in dem Laube,
es wehet lieblich hier uns an
vom Paradies, neu aufgetan,
und munter rinnt an unserm Fuß
ein Bächlein von des Lebens Fluss!

Das wirkt der Geist, der kommt hernieder,
der spricht mit Wahrheitsstimme wieder,
nicht aus sich selbst, nein aus *dem Wort,*
der Liebe und des Trostes Hort,
das hier ward Fleisch, bezwang den Tod
und fuhr gen Himmel weiß und rot!

---

48 Dän. „Naadestol" (Gnadenstuhl) steht für Gottes Gnade nach Ex 25, 17–22.
49 Der Heilige Geist wird als himmlisch auf der Erde vorgestellt, vgl. Apg 2, 1–2; Gen 1, 2.

Erwacht ihr tiefen Töne alle,
zu des Versöhners Preis es schalle,
dass, von der Völker Dank erfüllt,
die Opferschale überquillt!
Vom Tisch des Herrn im vollen Chor
Steig der Gemeinde Sang empor!

Dann glühn in Jesu Namen Zungen
Bei Juden, Heiden, Alten, Jungen,
in aller Muttersprachen Klang
verschmilzt im großen Lobgesang.
In Jesu Namen tönet da
Das ewige Halleluja!

Dann, Gott und Vater ohnegleichen,
die Rose[50] blüht in deinem Reiche;
wie Sonnen wandern wir voll Freud
in deines Sohnes Herrlichkeit,
denn du gabst uns mit ihm zugleich
für unser Herz dein Himmelreich!

Vgl. *Schriften*, S. 205 f./„I al sin Glands nu straaler Solen", *Fest-Psalmer og Sange for Skolen*, 5. Auflage, Kiøbenhavn 1853, S. 134–135.

---

50 Rose als Bild für das volle Wachstum des Gottesreiches, wozu Pfingsten die Voraussetzung ist.

N. F. S. Grundtvig. Büste auf Christiansborg, H. W. Bissen, 1847.

7. Der Politiker

 In der Welt des Geistes ist die Freiheit für alles gut, die Sklaverei ist für nichts gut, deshalb wollen wir die Freiheit haben mit all ihren Gefahren.[51]

---

51 *Beretning om Forhandlingerne på Rigsdagen* 1849, Nr. 388, Sp. 3070.

Constantin Hansens berühmtes Gemälde der Verfassunggebenden Reichsversammlung von 1849 befindet sich heute im Frederiksborg-Museum. Bei genauerer Betrachtung taucht hinten rechts Grundtvigs Gesicht auf. Er sitzt im perspektivischen Fluchtpunkt des Bildes und das gibt ihm eine zentrale Bedeutung, obwohl er nicht direkt zu sehen ist. Das entspricht beinahe seiner Rolle in der Versammlung, wo er nicht viele seiner Ideen durchsetzen konnte, aber häufig zu Wort kam, und das sicherte ihm einen gewissen indirekten Einfluss.

Grundtvigs politische Bedeutung ist vielfältig und schwer zu beschreiben. Bis in die heutige Zeit war er für die politische Landschaft kreuz und quer und in ihrer ganzen Breite eine Inspiration, ja, es findet sich in Dänemark kaum keine Partei, die nicht ihre ganz besondere Verbindung zu ihm bekannt hätte.

Trotzdem gehörte er selbst nie einer Partei an und wäre auch kaum einer zuzuordnen. Dafür waren seine Ideen zu träumerisch und abstrakt und sein Gespür für Realpolitik zu gering. Dennoch zählt er zu den Begründern der dänischen Demokratie und war deswegen auch auf den Versammlungen dabei, in denen die dänische Verfassung angenommen wurde, doch auch hier war seine Rolle nicht eindeutig.

Faktisch betrachtete Grundtvig den Übergang vom Absolutismus zur Volksregierung mit Skepsis, denn sein politisches Ideal war ein gerechter und kluger König, der auf den Willen des Volkes hört (meinungsgesteuerter Absolutismus). Dieses Ideal, so dachte er, sei durch die ratgebenden Ständeversammlungen verwirklicht, die 1835 eingeführt wurden. Gerade darin war die richtige Balance zwischen der Macht des Königs und der vollen Meinungsfreiheit des Volkes erkennbar.

Überall in Europa wurde Mitte des 19. Jh. die freie Verfassung diskutiert, d. h. die Einführung einer Volksregierung mit einer Verfassung. Grundtvig fühlte sich nicht wohl bei dem Gedanken, Ideen aus dem Ausland zu importieren, die nicht aus dem eigenen Bedarf des Volkes gewachsen waren. Die verschiedenen europäischen Revolutionen, die bis dahin stattgefunden hatten, machten ihn nicht weniger skeptisch, da keine dieser Revolutionen einen glücklichen Ausgang gefunden hatte. Die Nationalliberalen, d. h. diejenigen die eine Volksregierung im Land einführen wollten, verlangten Veränderungen und behaupteten, dass eine freie Verfassung die ursprüngliche und damit die echte dänische Regierungsform sei. Das lehnte Grundtvig ab. Zwar erkannte er den Willen des Volkes und den Willen, gemeinsam das Beste für das Dänentum zu tun, aber dies müsste sich als Gesinnung der Verfassung gegenüber zeigen und deshalb wäre der meinungsregierte Absolutismus, in dem der König sich vom Volk beraten lässt, die richtige Regierungsform.

> **Das Grundgesetz vom 5. Juni 1849**
> Das Grundgesetz von 1849 ist das Dokument, das den Übergang vom Absolutismus zur konstitutionellen Monarchie markiert, d. h., dass der Regent nun an die Verfassung gebunden war. Der Übergang zur Demokratie ist der Höhepunkt einer langen Entwicklung, die ihre Wurzeln in der Aufklärungszeit

> und der französischen Revolution von 1789 hat. Der System-
> wechsel hing mit dem Tod König Christian des VIII. 1848 und
> der Übernahme durch den Thronfolger Frederik der VII. zu-
> sammen. Alle, einschließlich Frederik der VII., spürten sofort,
> dass ein Systemwechsel kurz bevorstand, der durch das Ge-
> rücht vom Abspaltungsversuch und Unabhängigkeitswunsch
> der Herzogtümer Schleswig und Holstein beschleunigt wurde,
> und der von den zeitgleichen liberalen Aufständen in Paris, Ber-
> lin und Wien, die darauf abzielten, sich eine freie Verfassung zu
> erkämpfen, inspiriert wurde. Die Nationalliberalen waren nicht
> daran interessiert, Schleswig abzutreten. Obwohl die Histori-
> ker über die Glaubwürdigkeit des Gerüchtes Zweifel säten, er-
> langte man schnell die Macht und die Arbeit mit einer freien
> Verfassung in Dänemark konnte anfangen.
>
> In der ersten Runde ging es um die Wahl zur Verfassung-
> gebenden Reichsversammlung in der das Grundgesetz ausge-
> arbeitet werden sollte und 1849 letztendlich beschlossen wurde.
> Die neue Verfassung bedeutete, dass die gesetzgebende Macht
> den Repräsentanten des Volkes im Reichstag überlassen wurde.
> Damals bestand der Reichstag aus zwei Kammern: dem Folke-
> ting und dem Landsting. Mit dem Grundgesetz wurden außer-
> dem eine Reihe Freiheitsbestimmungen eingeführt, u. a. um das
> Volk jederzeit vor den amtierenden Machthabern zu schützen.
> Unter den wichtigsten Bestimmungen waren Religionsfreiheit,
> Meinungsfreiheit, Pressefreiheit, Versammlungsfreiheit, Un-
> verletzlichkeit des Eigentumsrechts und Unverletzlichkeit der
> persönlichen Freiheit.

Im Laufe der Zeit akzeptierte Grundtvig dennoch weitgehend die
Demokratie als eine Instanz, durch die der Volkswille zum Ausdruck gebracht werden konnte. Ebenso verblieb er als Mitglied des
Folketings von 1849–1858 mit kleinen Unterbrechungen politisch
aktiv und saß für eine kurze Zeit 1866 im Landsting. Obwohl er

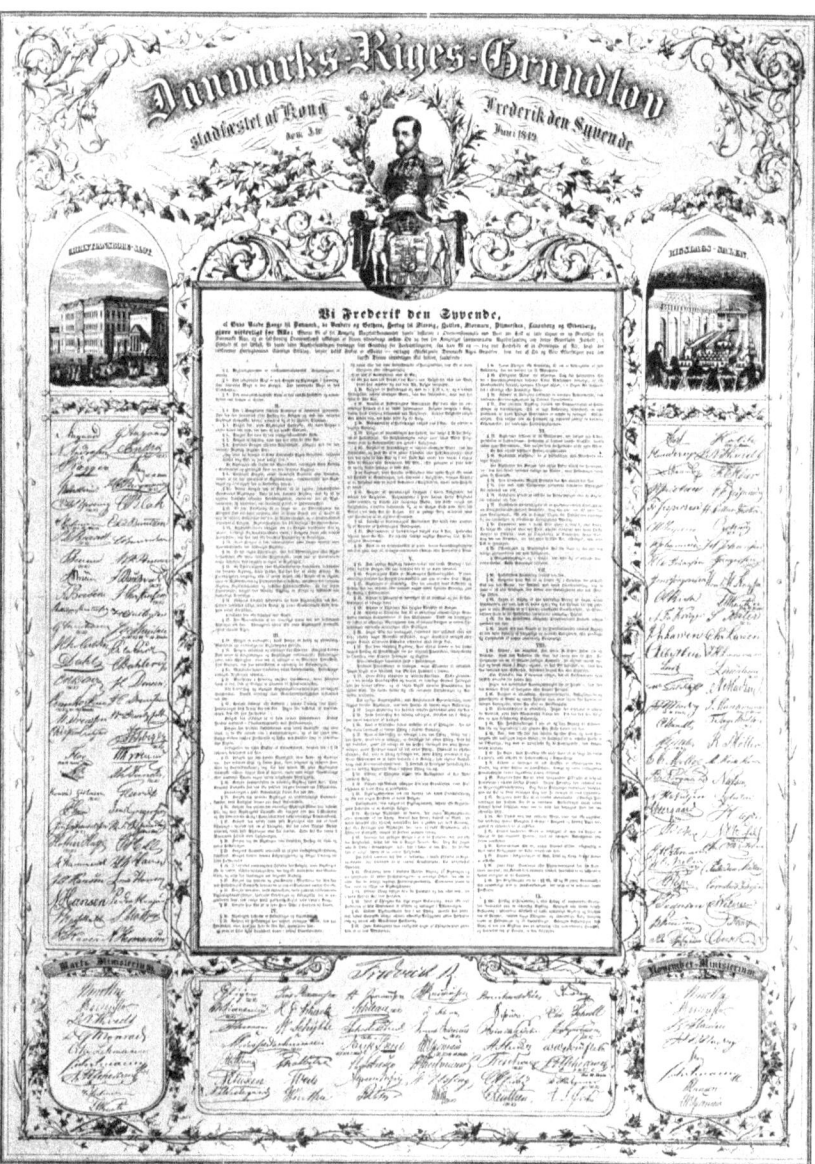

Das Grundgesetz Frederik des VII.
Der Druck ist mit Blick auf den Verkauf an alle Bürger hergestellt, um ihn zu Hause an die Wand zu hängen. Grundtvig unterließ es, an der Abstimmung teilzunehmen. Nach seiner Auffassung war das Grundgesetz nicht dänisch genug, d. h. nicht ausreichend in Übereinstimmung mit dem Willen und dem Bedürfnis des Volkes. Deshalb blieb er zu Hause, als die Abstimmung stattfand.

keinen besonders direkten Einfluss auf politische Entscheidungen seiner Zeit hatte, haben doch seine Ideen auf manche Weise eine große indirekte Bedeutung für die dänische Demokratie und das politische Leben bis heute.

Dies gilt im Besonderen für seinen Kampf um Freiheit, den er schon Anfang 1810 begonnen hatte, indem er für verschiedene Formen von Freiheit plädierte. In diesem Punkt war er eben ein Kind des Liberalismus der Aufklärungszeit, in dem diese Ideen auch vertreten wurden und zu Revolutionen und Kämpfen für die Demokratie und freie Verfassungen in ganz Europa führten. Grundtvig pflegte eine Zusammenarbeit in verschiedenen Belangen mit liberal orientierten Zeitgenossen, z. B. engagierte er sich in den 1840er Jahren zusammen mit seinem alten Gegner von 1825 H. N. Clausen für die endgültige Abschaffung der Sklaverei. Gemeinsam mit diesem Mitstreiter trat er als Fürsprecher für das Recht der Baptistengemeinden auf, ihre Religion ohne Einmischung der Staatskirche praktizieren zu dürfen. Seite an Seite standen sie so auch mit ihrer Kritik an das Oberhaupt der dänischen Kirche Bischof I. P. Mynster, der 1842 federführend einen Beschluss der Kirche zur Zwangstaufe von Baptistenkindern durchführen wollte.

> Wer frei sein will, muss seinem Nächsten das auch zugestehen.[52]

> Die Erfahrung lehrt, dass Religions-Verfolgung die Spaltung und Uneinigkeit in einem Reich nicht vermindert, sondern vermehrt.[53]

---

52 *Mands Minde* 1788–1838. København, Carl Schönberg Forlag 1877. Auszug aus der Vorlesung Nr. XXIII, 21. September, S. 254.
53 *Om Religions-Forfølgelsen* 1842. København, Wahlske Boghandlings Forlag 1842, S. 4.

> Da auch ich zu denen gehöre, die das Wenige, was möglich war, hierzulande für die Aufhebung der Negersklaverei auf den dänisch-westindischen Inseln getan haben, kann ich es nicht unterlassen, dem zu widersprechen, was im Hinblick auf diese Frage wiederholt geäußert wurde, man möge doch erkennen, dass man ein volles Eigentumsrecht über seine Mitmenschen haben kann, weshalb ich hier für meine Person und, wie ich denke, im Namen aller Menschenfreunde, dagegen protestieren möchte.[54]

Grundtvigs Ausgangspunkt lag im Christentum und war zusammen mit seinem Kampf für Glaubens- und Meinungsfreiheit ein wirksamer Einflussfaktor. Voraussetzung für eine gesunde Gesellschaft ist die Freiheit des Geistes auf allen Ebenen, alles andere würde zu Heuchelei führen.

Grundtvigs Ideen zur bürgerlichen Freiheit umfassten u. a.:

- Meinungsfreiheit: in erster Linie verstanden als schriftliches und mündliches Recht, Kritik an die Macht des Königs oder die Regierung zu äußern.
- Gewerbefreiheit: Die Freiheit, freien Handel zu treiben.
- Freiheit von Wehrpflicht
- Gewissensfreiheit: Menschen müssen sich als Christen und als Bürger von ihrem Gewissen und ihrem Herzen leiten lassen.
- Öffentlichkeit und Mündlichkeit in der Rechtspflege: die Möglichkeit für die Bevölkerung zu kontrollieren, ob das Gericht so funktioniert, wie es sein soll.
- Freiheit vom Schulzwang: Das Recht auf Heimunterricht oder nach eigener Wahl und Überzeugung Schulen zu betreiben.

---

54 *Beretning om Forhandlingerne paa Rigsdagen* 1848, Nr. 62, Sp. 461–462.

Grundtvigs Ideen zur Religionsfreiheit umfassen u. a.:

- Kampf für die Auflösung der Gemeindezugehörigkeitspflicht: d. h. das Recht, Kirche und Pfarrer selbst auszuwählen.
- Freiheit für Pfarrer: Die Pfarrer sollen nach eigenem Gewissen ihre Tätigkeit ausführen können.
- Allgemeine Religionsfreiheit: Alle sollen das Recht haben, ihren eigenen Glauben zu pflegen und trotzdem den Zugang zu bürgerlichen Rechten behalten, jedoch unter der Voraussetzung, dass man die Pflichten übernimmt, die zu einer organisierten Gesellschaft gehören.

Die ideale Regierungsform

In dem Gedicht „Konge-Haand og Folke-Stemme" (Königs-Hand und Volkes-Stimme) von 1839 beschreibt Grundtvig sein politisches Ideal des meinungsgesteuerten Absolutismus, einer Harmonie zwischen der Macht des Königs und dem Recht des Volkes zur freien Äußerung. So schrieb er zehn Jahre vor der Verabschiedung des Grundgesetzes und das zeigt deutlich, dass Grundtvig wirklich an zusammentreffende Interessen zwischen König und Volk glaubt. Im Gedicht wird zum Ausdruck gebracht, dass diese Balance von jeher die dänische Art war, sich zu organisieren, und der Wunsch geäußert, dass sich die guten alten Tage in der Zukunft fortsetzen mögen. Für Grundtvig charakteristisch wird die nordische Mythologie benutzt, um die ideale Regierungsform zu präsentieren. Odin wird als der dem Ting der Götter lauschende König in Valhalla geschildert, der jede Kritik geduldig erträgt.

In der Geschichte Dänemarks gab es jedoch eine Periode in der das rechte Verhältnis zwischen König und Volk bedroht war. Grundtvig denkt dabei an die Könige des Mittelalters bis zum Absolutismus 1660, deren Macht von der Macht des Adels eingeschränkt wurde.

Dies beeinträchtigte die Freiheit des Volkes, und so konnte Frederik III. nach der Einführung des Absolutismus sich von der Macht des Reichsrates befreien, was dem Volk wiederum zu Nutzen kam. Der freie König machte auch das Volk frei, um sich der Macht gegenüber zu äußern, ja, in Wahrheit war es Liebe zwischen König und Volk, die eine neue Entwicklung hervorrief. Diese beinahe göttliche Liebe, in der es keinen Gegensatz zwischen Macht und Milde gibt, ist einzigartig dänisch, so Grundtvig.

Königs-Hand und Volkes-Stimme

Königs-Hand und Volkes-Stimme,
Beide stark und beide frei,
In Dänemark ihr Heim sie hatten,
Vor uns schon viele hundert Jahr,
Trotz aller Fehler, Furcht und Gefahr,
Mögen sie gewinnen und bewahren,
Und in einem Goldjahr neu erschaffen,
Der alten Dänen gute Kräfte!

Odin, König in Valhalla,
Das Glücksspiel er auch liebte,
Hielt dennoch mit den Asen Ting,
Unter Ygdrasil,[55] dem Weltenbaum,
Kein Haar dem Thor er krümmt,
Obwohl dieser laut noch brummt,
Erträgt er dies, wie weit's auch geht,
Auch Lokis Nadelstiche immer wieder.

---

55 Die Weltesche in der nordischen Mythologie.

Des Königs Hand war einst gebunden,[56]
Des Volkes Stimme klang umsonst,
Dänemark doch hat erfunden,
Der Liebe schöne Kunst:
Was das Leben binden wollte
Zerriss, wie Schnur und Band es sollte,
Einander wechselweis' gelöst
Nun dem Volk und König zugute.

Frederiks Fessel löst das Volk,
Frei wie seine Hand ist keine.
Frederik, wie man sich denke,
Zerschnitt dem Volk das Zungenband,[57]
Königshand und Volkes Stimme!
Nie vergessen soll es sein!
Eure Freiheit kam in Frieden
Durch Liebe ihr gelöset seid!

Darum Dänemark! gleichst du keinen
Anderen Reichen auf der Welt!
Der Himmel sie nicht segnen kann,
Wie diesen kleinen Fleck im Norden,
Wo wie Jugendfreunde wandern,
Macht und Milde zueinanderfanden,
Wo wir glauben, was schon alle wissen:
Die Liebe ist der Allmacht Leben!

„Konge-Haand og Folke-Stemme", *28de Mai i Danske Samfund,* 1839 (Broschüre)

---

56 Die gegenseitige Bindung zwischen König und dem Adel vor der Einführung des Absolutismus.
57 Frederik VI erlaubt Äußerungsfreiheit des Volkes durch die Ständeversammlung (1834).

Die freie Gottesverehrung

Im religionspolitischen Umfeld ließ Grundtvig sich von den Verhältnissen in England inspirieren; einem Land, das er bereist und in dem er die Folgen der langen englischen Tradition der Religionsfreiheit erlebt hat.

Bevor mit dem Grundgesetz die Religionsfreiheit auch in Dänemark durchgesetzt wurde, gab es eine sogenannte Staatskirche, d. h. eine Kirche, in die man hineingeboren wurde und aus der man nicht austreten konnte, ohne seine bürgerlichen Rechte zu verlieren. Die Kirche war ein Teil der absolutistischen Staatsverfassung und ließ als politisches System prinzipiell keinen Platz für die Ausübung verschiedener Religionen. Dagegen stand die Idee, dass Glaubenseinheit eine Voraussetzung für das Wohl und Weh des Staates sei. Schon im 18. Jh. wurde diese Regelung auf Grund verschiedener neuer Formen der Religionsausübung in Frage gestellt, und mit der Zeit musste man im Hinblick auf Handel und Industrie, den Juden, Katholiken und Calvinisten gegenüber, Lockerungen zugestehen.

> **Religiöse Gruppen außerhalb der Staatskirche**
> Um 1840 gab es in Dänemark außerhalb der Staatskirche religiöse Gruppen zu denen Juden, Römisch-katholische, Reformierte, Mennoniten, Baptisten und Herrnhuter gehörten; wenn alle Städte mitgerechnet werden, machten sie aber nur 0,4 % der Gesamtbevölkerung aus.

Diese Tendenz, hervorgerufen durch viele neue religiöse Erweckungsbewegungen, darunter auch jene, die sich um Grundtvig versammelten, setzte sich Anfang 1800 fort und vermehrte die Forderungen nach Religionsfreiheit. Was sollte man nun mit den Menschen tun, die andersdenkend waren?

> **Die Kirche und die Religionsfreiheit**
> Das Grundgesetz erhielt als speziellen Zusatz zwei Paragraphen, einen über die Kirche und einen über die Religionsfreiheit. Damit ließ sich Religionsfreiheit sichern, nicht aber Religionsgleichheit.
>
> § 4: Die evangelisch-lutherische Kirche ist die dänische Volkskirche und wird als solche vom Staat unterstützt.
>
> § 67: Die Bürger haben das Recht, sich in einer Gemeinde zu versammeln, um Gott zu ehren, gemäß ihrer Überzeugung, jedoch ohne etwas zu lehren oder vorzunehmen, das gegen die Sittlichkeit oder die öffentliche Ordnung verstößt.

Mit den Jahren wurde Grundtvig immer mehr zum Befürworter einer Änderung des Staatskirchenmodells und der allgemeinen Religionsfreiheit. Er zeigte sich erfreut über die Religionsfreiheit, die mit dem Grundgesetz von 1849 garantiert wurde, glaubte aber nicht, dass dies im Ernst die Abrechnung mit der alten Form der Staatskirche bedeute. Er war der Auffassung, dass besonders die Bestimmung der Kirche als „evangelisch-lutherisch", die Eingrenzung der Glaubensfreiheit zur Folge haben könnte. In den drei Textauszügen *Om Religions-Frihed* (Über Religions-Freiheit) von 1827 und aus der Verfassunggebenden Reichsversammlung von 1849 finden sich verschiedene Äußerungen zum Nutzen der Religionsfreiheit: zuerst als Grundtvig selbst von der Zensur 1826–1837 betroffen war, und danach aus seiner Zeit als Mitglied der Verfassunggebenden Reichsversammlung 1848–1849.

7. Der Politiker

Über Religions-Freiheit 1827

Ich will deshalb auf der Stelle einräumen, dass der Religionszwang, der in der Christenheit stattgefunden hat, eine große Schande ist, gewiss nicht für den christlichen Glauben, sondern für alle wirklichen Christen, die ihn ausgeübt oder jedenfalls geduldet haben. Zwar ist man zu unserer Zeit oft sehr viel weiter gegangen und hat darauf bestanden, dass Zwang und Verfolgung in Glaubens-Angelegenheiten eine Folge des Christentums selbst seien und davon nicht zu trennen; aber dies ist offenbar nur eine üble Nachrede, bar jeder Wahrheit; denn die Geschichte lehrt uns beides, dass man Menschen abgeschlachtet hat um des Glaubenswillen, weit vor der Christenheit und zugleich ist uns allen bekannt, dass diese Christen über viele Jahrhunderte mit der gleichen bewundernswerten Kraft und Geduld mit der sie dem Zwang trotzten, auch die Verfolgung der Juden und Heiden[58] erlitten, bevor sie die geringsten Anstalten machten, anderen ihren Glauben aufzuzwingen oder sich an denen zu rächen, die den Glauben verwerfen.

„Om Religions-Frihed", *Theologisk Maanedsskrift* 1826, Band 8, S. 30–31.

Reden über Religionsfreiheit in der Verfassunggebenden Reichsversammlung 1849

Den 11. April 1849.
Ich will bloß meine Freude darüber ausdrücken, dass der gegenwärtige Entwurf sich wirklich für die freie Ausübung des Glaubens hierzulande ausgesprochen hat; (...) wenn man nachfragen wollte, was in Dänemark damit gemeint war, dann wird man darauf eigentlich nur die sehr schlechte Antwort bekommen, dass, behielte man es für sich selbst, man frei glauben kann, was man will und wollte man sich feierlich zu der herrschenden Religion beken-

---
58 Grundtvig bezieht sich hier auf die Christenverfolgungen im römischen Reich, bevor das Christentum 380 n.Chr. zur Staatsreligion wurde.

Om Religions-Frihed.

(Tredie og sidste Stykke).

Af

N. F. S. Grundtvig.

Slutningen af en Afhandling i Theologisk Maanedsskrift, 8de Bind.

Kjøbenhavn.
Trykt 1827.
Undertrykt samme Aar.
Løsladt 1866.

Nachdem Grundtvig 1826 wegen seiner Beleidigung an Prof. Clausen unter eine öffentliche Zensur gestellt wurde, musste für alles, was von ihm gedruckt werden sollte, eine besondere Genehmigung eingeholt werden. Die beiden ersten Teile von Grundtvigs Abhandlung „Über Religionsfreiheit" wurden in der Theologisk Maanedsskrift 1827 (Theologische Monatsschrift) mit der Zulassung durch die Polizei abgedruckt. Der dritte Teil derselben Abhandlung, die schon druckfertig vorlag, wurde von der Zensur verboten, von der Polizei beschlagnahmt und erst 1866 veröffentlicht, wie hier auf dem Buchumschlag zu sehen ist.

7. Der Politiker

nen, müsse man die spanische Inquisition[59] nicht fürchten, sofern man wirklich glaubte, wozu man sich äußerlich bekannte.

Im Gegensatz zu der Religionsfreiheit, mit der wir im restlichen protestantischen Europa und hier im Norden gespielt haben, sind die Engländer dagegen mit ihrem guten Blick für das Wirkliche gleich zur Sache gekommen und haben die Freiheit der Religionsausübung zugestanden. Ich würde mir auch deshalb wünschen, dass der Paragraph im Grundgesetz, der eine solche Freiheit der Religionsausübung festlegt, sie bei der Gelegenheit auch an die Spitze setzte, folglich auch bei der abschließenden Lesung zuerst beschlossen wird, bevor von der im Entwurf genannten Volkskirche die Rede ist, die immer noch beständig in enger Verbindung mit der Regierung stehen muss; denn es lässt sich eigentlich nichts mit Recht für oder gegen so eine Volkskirche sagen, bevor entschieden ist, dass die Gottesverehrung unter allen Umständen frei sein soll.

Den 3. Mai 1849:
Ich bin der vollen Überzeugung, dass es nie ein echtes, nie ein ursprüngliches, sondern immer nur ein falsches, ein selbstgemachtes Christentum gibt, das danach strebt, ein Reich auf dieser Welt zu bekommen, das nach einer bürgerlichen Herrschaft über Volk und Reiche strebt. Und jeder, der bloß weiß, dass die Christen zu jeder Zeit selbst die vollständige Freiheit für ihren Glauben und ihre Gottesverehrung gefordert haben, müsste doch einsehen, dass wenn das Christentum andern dieselbe Freiheit verweigern würde, damit sowohl seine eigene Freiheit verwirkte, wie auch gleichzeitig das Freiheitselement behindert, worin allein man atmen, leben und gedeihen kann (...) Die ganze Weltgeschichte lehrt, dass dort wo diese Freiheit fehlte, keine andere bürgerliche Freiheit Wurzeln schlagen konnte oder Früchte trug, und deshalb, wenn

---

59 Grundtvig deutet an, dass der Religionszwang in der Staatskirche an die schlimmsten Gewissensprüfungen und Zwangsmethoden der Inquisition im Mittelalter erinnert.

schon nicht um ihrer selbst willen, so doch um der bürgerlichen und menschlichen Freiheit willen, sollte man danach streben, sie so vollständig wie möglich zu erzielen.

Beretning om Forhandlingerne paa Rigsdagen 1849, Sp. 2513 + Sp. 3063-70.

Armenhilfe

Auch in anderen Punkten verhielt sich Grundtvig in Übereinstimmung mit dem liberalen Anspruch seiner Zeit. Er stimmte für Gewerbefreiheit und Erwerbsfreiheit, aber es lag auch an seinem Liberalismus, davor zu warnen, Vorschriften über die Pflicht des Staates zur Versorgung der Armen zu machen. In der Rede über die Armen in der verfassunggebenden Reichsversammlung 1849 betonte er, dass man dadurch dazu käme, etwas in das Grundgesetz aufzunehmen, das heute noch gelten, morgen aber schon nicht mehr erfüllt werden könnte. Er vermutete, dass der Versorgungsparagraph die Faulheit fördern, den Menschen seiner Wertigkeit und Freiheit berauben und das Eigentumsrecht untergraben könnte.

Seiner Meinung nach müsste man sich die Armenversorgung unabhängig vom Staat vorstellen. Er vermutet dass eine staatliche Pflicht zur Versorgung der Armen entmündigend wirken und die Lust der Reichen, freiwillig den Armen zu helfen, schmälern könnte. Eine derartige Pflicht, meint Grundtvig, beschädige den guten Willen des Volkes oder die liebevolle Gesinnung, die eigentlich als Triebkraft hinter der Umverteilung der Güter zwischen reich und arm sein müsste. Er erwähnt einen neuen englischen Bericht, der zeigt, wie sich die Ausgaben vervielfachten, als man ein Versorgungsgesetz einführte. Der Staat müsste eher verpflichtet werden, der Bevölkerung Arbeit sicherzustellen.

Rede über die Armen in der Verfassunggebenden Reichsversammlung 1849

Es ist ein allgemeines Versorgungsrecht, das durch diesen Paragraphen in das Grundgesetz Dänemarks eingeführt werden soll, und so laut und deutlich wie ich kann, muss ich also protestieren gegen eines der größten Unglücke, die geschehen könnten, sowohl für das Grundgesetz wie auch (...) für das ganze Land. Es ist wie bekannt England, das reichste Land auf der Welt, das in ganzen 300 Jahren versucht hat, ein solches Versorgungsrecht in seiner vollen Bandbreite geltend zu machen. Für eine Weile, als noch auf der einen Seite der christliche Liebestrieb und die private Wohltätigkeit kräftig wirkten, und auf der anderen Seite, wenn man so sagen darf, noch nicht geradewegs auf das Armenwesen spekuliert wurde, war es erträglich. Wir haben gesehen in den Erläuterungen, die vor einigen Tagen aus den parlamentarischen Untersuchungen ans Licht kamen, wonach die Armensteuern zu Beginn dieses Jahrhunderts nur 1 Million £ St. betrugen, aber sie stiegen in weniger als einem Menschenalter auf 11 Millionen £ St.; erst dann fand man es unmöglich so weiter zu machen (...), das eine war, dass England übersät von Armenhäusern war und die öffentliche Unterstützung, so weit möglich, daran gebunden war, das andere war, dass den Bedürftigsten der Armen die Unterstützung fehlte, weil die Eltern sich nicht von ihren Kindern trennen wollten (...), weil ein freigeborener, freisinniger Mensch nicht in ein Arbeitshaus hineingeht, das ein Zwangshaus und ein Zuchthaus ist. Alles was man erreicht hatte (...), war, die Armensteuern auf 8 Millionen £ St. niederzuzwingen, was immer noch mit dem größten Gewicht dieses reiche Land belastet. Die spätere Ausdehnung der Armenversorgung auch auf Irland[60] hat gezeigt, was daraus folgt, wenn eine Regierung sich dazu verpflichtet, allen Menschen und Mäulern im Land Futter zu beschaffen, denn dadurch versuchte man, so ungefähr ein

---

60 Irland erlebte in den 1840ern eine Kartoffelfäule und litt unter großer Hungersnot. Das war u. a. der Hintergrund für gewaltige Auswanderungen in die USA.

ganzes Volk von der Hand in den Mund zu füttern. Man brachte sich selbst zur Verzweiflung. (...) Wenn man nun bedenkt, was mit der Einführung einer derartigen Bestimmung über ein allgemeines Versorgungsrecht in das Grundgesetz geschieht. Dadurch verpflichtet man die Regierung zu einer noch klareren Unmöglichkeit. Genau wie es für die englische Regierung ist, das ganze irische Volk zu füttern, würde man die dänische Regierung verpflichten das ganze dänische Volk zu füttern, ohne ein England zu haben, das man besteuern könnte – deshalb werde ich dafür stimmen, dass man keine Spur von Derartigem in Dänemarks Grundgesetz finden wird, und will im Gegenteil eine Bestimmung darüber vorschlagen (...), alles zu tun, damit Alte, Kranke und die verlassenen Kinder eine öffentliche Zufluchtsstelle finden können.

Beretning om Forhandlinger på Rigsdagen 1849, Sp. 2607-08.

Retuschierte Wiedergabe von Budtz Müller.
Aufnahme für Visitenkarten, 1869.

8. Der Däne

 Selige Erinnerung
An Dänemarks Trost,
Sie kann nicht verschwinden
Aus der Dänen Brust,
Wie die Welle nicht wagt
Das Land zu umschließen.[61]

---

61 *Danne-Virke, et Tids-Skrift,* Band 1. Kiøbenhavn, Schiødtz og Mandra 1816, S. IV.

Zu Grundtvigs Lebenszeit (1783-1872) wurde Dänemark schrittweise von einem mittelgroßen Staat, womit man rechnen musste, auf einen Kleinstaat reduziert, ohne weiteren Einfluss auf internationaler militärischer und politischer Szene. Im Laufe seines Lebens erlebte er mehrfach Perioden einer reellen Furcht vor einem Untergang Dänemarks als Nation. Deshalb wurde es für ihn, wie für viele andere Zeitgenossen, wichtig, das Dänentum zu verteidigen, indem er über die Geschichte Dänemarks, das Besondere am Dänischen und Dänischsein berichtete. Durch seine gesamte schriftstellerische Arbeit, sowie durch seine Vorträge und Reden, versuchte er von Mal zu Mal die Dänen aufzurüsten und zu stärken, um die schwierigen Perioden durchzustehen. Die Verteidigung eines Gefühls zum Dänentum war eine mindestens so wichtige Waffe im Kampf für das Überleben des Volkes und der Nation wie die militärische Macht. Darum warnte er vor dem großen deutschen Einfluss auf Kunst und Wissenschaft, den er überall in der damaligen Gesellschaft meinte registrieren zu können. Er fürchtete, dass diese Beeinflussung auf längere Sicht für Dänemark lebensgefährlich werden könnte.

Drei entscheidende Ereignisse
Namentlich können drei Ereignisse genannt werden, die für Grundtvigs Gedanken über das Dänentum eine große Rolle gespielt haben:

- Dass Dänemark durch den Friedensschluss nach der Niederlage in den Napoleonischen Kriegen 1814 Norwegen an Schweden abtreten musste.
- Dass es Dänemark während des dreijährigen Krieges 1848-1851 gelang, die Herzogtümer Schleswig und Holstein unter dänischer Krone zu halten.
- Dass Dänemark 1864 bei den Düppeler Schanzen eine Niederlage gegen die Preußen erlitt und die Herzogtümer Schleswig und Holstein verlor.

Grundtvigs Auffassung des Dänentums geht auf den Einfluss der Romantik in Dänemark zurück. Die Verehrung der nationalen Vorzeit, wie man sie in der romantischen Kultur vorfindet, ist überhaupt nicht abgelöst von den gleichzeitigen Kriegen – nicht zuletzt die napoleonischen Kriege 1804–1815 – vorstellbar. Grundtvig war gegen die Schrecken des Krieges durch Mythologie, Philosophie und historisches Bewusstsein gewappnet, und für dieses Ziel formulierte er seine Gedanken zum eigenen und besonderen Volksgeist und Charakter, durch die man als Däne aus dem Norden geprägt war. Dazu kam sein besonderes Gefühl für Sprache, speziell die Muttersprache, die sich für Dänen in einer außergewöhnlichen Tiefe darbietet. Die Huldigung, in der er diese Empfindung beschreibt, ist das Lied „Mutters Name ist ein himmlischer Klang" von 1837.

 Muttersprache
Mutters Name ist Himmelsklang,
so weit wie das Meer sich blauet.
Mutters Stimme ist Freudensang
Selbst dem, dessen Haar ergrauet,
süß in Lust und süß in Not,
süß im Leben, süß im Tod –
süß im Ruhm, der bleibet!

(...)

Muttersprache ist ein *kraftvoll* Wort,
lebendig in *Volkes Munde;*
wie's geliebt wird in Süd und Nord,
singt süß man's im Buchengrunde,
süß in Lust ...[62]

---

62 Vgl. *Schriften*, S. 519/*Skolen for Livet og Acadamiet i Soer borgerlig betragtet*, København, Wahlske Boghandel 1838, S. 3–4.

Grundtvigs Vorstellungen waren durchaus religiös begründet, denn er sah die Geschichte eines Volkes als Teil der göttlichen Vorsehung. In Gottes Plan hatten die Dänen einen bestimmten Platz, wie auch andere Völker ihren Platz hatten, dabei waren einige Völker in höherem Maße als andere für die Entwicklung der Menschheit bestimmend.

 ...denn für jenen, der an einen *lebendigen* Gott und an eine *lenkende* Vorsehung glaubt, ist dies weitaus mehr, als das, was man gewöhnlich Vermutung und Hoffnung nennt, es ist unbedingte Gewissheit, dass *innerhalb* der Grenzen der Christenheit eine Neue-Jahreszeit heraufziehen muss, die mit all ihren Mängeln doch großen Erwartungen entspricht.[63]

Das Dänische Volk, meinte Grundtvig, sei mit einer Reihe von besonderen Fähigkeiten, insbesondere für Liebe, Wahrheit und Freiheit ausgestattet und erschaffen. Ohne die Möglichkeit, diese Eigenschaften zu entfalten, könne das Volk sich nicht nach Gottes Wille entwickeln. Er hatte sehr stark und genau jetzt das Gefühl, dass die Zeit gekommen war, um das dänische und nordische Volk aufzuklären.

Es wäre jedoch falsch, seine Gedanken über das Dänentum als eine bestimmte Lehre oder eine Art Fragebogen darzustellen, auf dem richtig oder falsch angekreuzt wird. Dänisch sein, ist für Grundtvig eher ein Gefühl, heimisch in einem bestimmten Zusammenhang kraft einer Gemeinschaft aus Sprache und Geschichte zu sein. Es war dieses Selbstverständnis der Dänen, das er durch seine vielfachen Aktivitäten aufzubauen wünschte. Als Beispiele können genannt werden:

---

[63] *Haandbog i Verdens-Historien. Efter de bedste kilder I–III.* Kjøbenhavn, J. H. Schubothes Boghandling 1843, Band III, S. 2.

1. Die Ambition, ein neues Kirchenliederbuch für die dänische Kirche auszuarbeiten.
2. Der Hochschulgedanke: eine Schule zu schaffen, die über die Geschichte des Vaterlandes Aufschluss geben kann.
3. Seine großen Arbeiten über dänische Sprichwörter und Übersetzungen alter dänischer Sagen und der nordischen Mythologie.
4. Seine Arbeit als Politiker.
5. Die Arbeit in einer Reihe verschiedener Vereine zur Förderung des Dänentums.
6. Sein Wirken als Volksredner und sein Engagement in der Etablierung von Gedenktagen und Volksfesten.

Gelegentlich äußerte sich Grundtvig sehr kritisch anderen Völkern gegenüber, besonders über die Römer, Franzosen und Deutschen, prinzipiell war aber nicht von einer Favorisierung des Dänentums die Rede. Seine Haltung entsprang seiner Auffassung von der Geschichte eines Volkes. Die Deutschen sollten ebenso wie die Dänen, so Grundtvig, die Erlaubnis haben, ihren Volksgeist in Sprache und Kultur zu entfalten. Seine Polemik gegen das Deutsche oder das Nicht-Dänische entsprang seiner Angst vor einer Vermischung mit dem Fremden, das den Reichtum und die Erfahrung, die in der dänischen Sprache und Kultur liegen und die durch die Geschichte des dänischen Volkes aufgebaut wurden, unterminieren könnte. Was er also befürchtete, war die Situation einer Niederlage für Dänemark, und dass dadurch künstlich auferlegtes Gedankengut und Sprache zu einer Unterdrückung des ureigenen, heimischen, dänischen Volksgeistes führen könnten.

Grundtvigs Begriff der Volkstümlichkeit
Grundtvigs Auffassung der Volkstümlichkeit ist auch heute noch ein viel diskutiertes Thema in der dänischen Gesellschaft. Er war der Überzeugung, dass ein Volk durch eine zusammentreffende Gruppe von Menschen mit einem sprachlichen und kulturellen Zugehörigkeitsgefühl zu einer bestimmten Umgebung und nicht durch Staatsgrenzen definiert wird. Gewiss gibt es oft eine Übereinstimmung zwischen Volk und Staat, aber nicht notwendigerweise. Zum Beispiel kann ein Krieg, wie der von 1864, bewirken, dass Staatenbildungen quer durch die Grenzen eines Volkes führen. Dass dies geschehen ist, war ein Fehler, und man musste dagegen ankämpfen, so gut es ging. Zu dieser Vorstellung von Volkstümlichkeit gehörte nicht, wie in gewissen Formen von Nationalismus, die Idee, dass das übergeordnete Ziel der Nation darin liege, sich selbst zu fördern. Sein Gedanke war nicht der, dass die Dänen ein von Grund auf anderen Völkern überlegenes Volk sei, oder dass man andere Nationen in der besten aller Welten dänisch machen müsste. Sein Begriff der Volkstümlichkeit dagegen war universell. Die Völker wurden von Gott als Teil eines größeren Plans erschaffen, jedoch mit der Absicht, dass jedes Volk die Verschiedenheiten aller anderen Völker respektiert und mit ihnen in einen Dialog tritt. Grundtvigs Begriff der Wechselwirkung, d. h. jener Gedanke, wonach man sich durch einen gegenseitigen Dialog entwickelt, galt also in der gleichen Weise für den Dialog mit dem Volk und dem Individuum. Er hat sich allerdings auch ab und an sehr heftig, z. B. in Verbindung mit dem dreijährigen Krieg von 1848–1851 und dem Krieg von 1864, über die Deutschen und das Verhältnis der Dänen zu fremden Völkern geäußert, so dass man darüber diskutieren kann, ob er hier nicht doch in einen Nationalismus übergewechselt war, der die Dänen als das bessere Volk betrachtet. Dies ist jedoch nicht die Haupttendenz.

Der nationalliberale Volksaufruhr im März 1848. Auf diesem konstruierten Bild schaut Grundtvig etwas skeptisch aus dem Fenster rechts oben im Bild. Zu dem Zeitpunkt war er immer noch darüber besorgt, dass eine neue Verfassung sich nach ausländischen Ideen formen würde und deswegen nicht mehr im Einklang mit den Bedürfnissen des dänischen Volkes stünde. Holzschnitt nach einer Zeichnung von Carsten Henriksen.

Pointiert könnte man sagen, gilt das Recht jeden Volkes es selbst zu sein. Der Fehler entstand, als eine Kultur durch Zwang einer anderen untergeordnet wurde, dies geschah, so Grundtvig, nach der Eroberung Dänemarks durch die Preußen 1864. Aber im Prinzip wäre es ebenso verkehrt, wenn einer fremden Kultur dänisches Gedankengut und dänische Gesinnung künstlich aufgezwungen würden. Deswegen war er beispielsweise auch Fürsprecher für die Rechte der deutschen Minderheit in Südjütland. Gott hat die Völker geschaffen und hat bestimmte Zeiten und Grenzen für ihre Wohnstätte gesetzt (Apg 17, 26).

Grundtvigs Denken hat tiefe Spuren in der Nachwelt hinterlassen. Man hört häufig Ausdrücke wie „in Grundtvigs Vaterland", aber es fragt sich, wie weit seine Vorstellungen noch Antworten für die Gegenwart geben. Aus gutem Grund hatte er keine Meinung zur Flüchtlingsfrage in der EU oder der Fußball Nationalmannschaft. Er war der Überzeugung, dass die Gesellschaft sich mit der Zeit entwickeln muss und deshalb war er vorsichtig mit Äußerungen über das Dänemark der Zukunft.

Im Kleinen liegt die Stärke

Langt høiere Bjerge (Weit höhere Berge) von 1820 ist eines der bekanntesten Lieder Grundtvigs über Dänemark. Es hat heute einen fasst sprichwörtlichen Charakter und ist bei zahlreichen Gelegenheiten benutzt worden, um das Besondere am Dänischen zu zeigen, ähnlich einer Hymne für das kleine, gemütliche und harmonische Land mit sozialer Gerechtigkeit oder als eine Art Huldigung falscher Bescheidenheit. Liest man den Text in seiner ursprünglichen Version, wie sie hier abgedruckt ist, gerät dieses Bild jedoch in Schieflage.

Das Lied wurde anlässlich des Abschiedsfestes für Grundtvigs älteren Schriftsteller- und Dichterkollegen Christen Henriksen Pram (1756–1821) geschrieben, der eine Anstellung als Zollverwalter auf den Westindischen Inseln angenommen hatte, in der Hoffnung so größere Schulden abbezahlen zu können. Pram war eng verbunden mit einer Reihe zeitgenössischer Autoren und Dichter, darunter auch Grundtvig. Unter anderem hatte er Grundtvig bei der Herausgabe einiger größerer Übersetzungen nach 1815 geholfen. Deshalb lag es für das Festkomitee nahe, unter anderen Beiträgen auch Grundtvig zu bitten, einen Trinkspruch für das Vaterland und den König anlässlich des Festes zu schreiben. Tischreden und Trinksprüche bzw. Lieder waren damals wichtige Teile des Gesellschaftslebens.

Die Strophen des Liedes folgen durchgehend der Formel, dass die Größe des Auslandes nur oberflächlich nach mehr aussieht, als das, was dänisch ist, aber das eben nur an der Oberfläche, denn in der charakteristischen Schlichtheit und Bescheidenheit der Dänen verbirgt sich etwas Kostbareres und Echtes – ein Geist, der sonst nirgendwo zu finden ist: Im Kleinen liegt die Stärke. Wo es sonst auf der Welt Berge und Winde gibt, ist die dänische Landschaft flach und ruhig. Zwar sind die ausländischen Leistungen und Eroberungen auf dem Schlachtfeld größer als die dänischen, der Kampf der Dänen aber wird dagegen mit wahrer Liebe ausgeführt. Entsprechend gilt, dass wenn auch die Reichtümer in der Tiefe der Erde sich mit denen des Auslandes nicht messen können, die Armen in Dänemark doch begünstigter sind als anderswo. Letzteres – obwohl die Tendenz heute oft dahin geht – ist kaum darin begründet, dass Grundtvig sich an einer Umverteilung der Güter interessiert zeigte. Es liegt eher daran, dass er Dänemark gerne als ein harmonisches, lebenswertes Land beschreiben will – geistig gesehen. Das Muster wiederholt sich in den beiden letzten Strophen, die man seit Einführung der Demokratie häufig weggelassen hat. Die dänischen Könige sind nicht von gleicher Pracht und gleichem Pomp umgeben wie anderenorts, sondern sie sind im Gegenteil im Besitz einer größeren und echten Popularität, womit hier sicher Frederik der VI. gemeint ist, der ein sehr populärer König war.

Grundtvig

Weit höhere Berge

Weit höhere Berge gibt's rings auf der Welt
als hier, wo es nur Hügel geworden;
wir Dänen jedoch sind zufrieden gestellt
mit grünen Höhn und Ebenen im Norden.
Wir sind nicht geschaffen für Höhe und Wind;
Am Boden zu bleiben, am besten uns dient.

Weit schönere Gefilde mag auswärts man sehn,
gern können es die Fremden erwähnen;
wo Buchen am Strand bei Vergissmeinnicht stehn,
da ist das Zuhause des Dänen;
am lieblichsten scheint uns, an Wiege und Sarg,
im wogenden Meere die blühende Mark.

Weit größerer Taten um Sold und um Ehr
Vielleicht sich die Fremden erfreuen;
Doch führen nicht die Dänen umsonst in der Wehr
Mit Herzen, wie Löwe bei Löwe;
Lasst Adler für den Erdball sich beißen nur wild!
Wir tauschen und wechseln nicht Banner noch Schild.

Weit klügere Leute hat sicher manch Land
Als dies zwischen Sunden und Belten;
Zum Hausbedarf reicht unser Witz und Verstand,
wir nie uns zu Göttern gesellten;[64]
und brennt nur das Herz uns für Wahrheit und Recht,
so wird sich's schon zeigen: Wir dachten nicht schlecht.

Weit höhere Sprachen so edel und fein
Auf Zungen der Fremden solln klingen;

---

64 Grundtvig kritisierte zumindest die deutsche romantische Philosophie, sich zum Göttlichen empor zu denken.

8. Der Däne

Von Hoheit und Schönheit der Däne kann wagen
Die Wahrheit zu singen und sagen;
Und wenn nicht aufs Haar unser Mutterwort prägt,
so schmilzt es doch mehr,[65] als die Fremdsprache schlägt.

Weit mehr von dem Erze: so weiß und so rot
Bekamen andere im Berg und als Beute;
Doch find't sich beim Dänen das tägliche Brot
In Hütten auch ärmerer Leute;
Und weit in der Tat unser Reichtum gedieh,
wenn Prunk es gibt selten und Elend fast nie.

Weit edlere Herrscher, ist möglich vielleicht,
man künftig als Landsväter feiert;
das Königsgeschlecht, dem noch keins bisher gleicht,
entspricht Kopenhagen und Lejre.
Ein Hoch *Skjold* und *Dan*,[66] ihrem Stamme so kühn!
Im Lande der Väter soll immer er blühn!

Weit höheren Lobpreis zum Fürstentribut
man hörte bei Fremden erklingen;
doch fragt sich: ob stets es gemeint war so gut
wie hier, wenn die Dänen all singen:
Es wird unser *Friedrich* wie Tauben so weiß![67]
Sein Zeitalter jeder gleich *Friedeguts*[68] preist!

Vgl. *Schriften*, S. 137/„Langt høiere Bjerge", *Sang til 10. April,* hg. von Rasmus Nyerup, Kjøbenhavn, Andreas Seidelin 1820, S. 3–5.

---

65 Die Muttersprache appelliert mehr an das Gefühl als an die Präzision, die die Fremdsprachen kennzeichnet.
66 Skjold und Dan ist ein Königsgeschlecht aus Lejre.
67 Gemeint ist Frederik VI, mit ergrautem Haar.
68 Grundtvig verweist auf Frode Fredegod, einen prähistorischen dänischen König. Zu seiner Zeit herrschte Friede, und Grundtvig hofft, dass Frederik der IV. ebenso alt werden und der Friede seine Lebenszeit andauern wird.

Auf dänisch leben oder auf deutsch sterben

Zwischen 1848 und 1851 gab Grundtvig die Wochenzeitschrift „Danskeren" (Der Däne) heraus, die er als Podium für Diskussionen über Dänemark und das Dänentum im Lichte der politischen Umwälzungen und des Systemwechsels von 1848–1849 und den Krieg um Schleswig-Holstein nutzen wollte. Die Zeitschrift bestand aus sechzehn Seiten in Kleinformat und war ein Einmannbetrieb d. h. er schrieb nahezu alles selbst. Das nahm fast seine gesamte Zeit in Anspruch und er räumte ein: „Ein Wochenblatt, das man alleine führt, ist entweder schlecht oder es verlangt den ganzen Mann". Der Hintergrund für dieses große Engagement war nicht zuletzt die Tatsache, dass er die Ereignisse dieser Periode persönlich aus nächster Nähe erlebt hatte. Einerseits saß er in der verfassunggebenden Reichsversammlung und im Folketing, andererseits waren seine beiden ältesten Söhne Johan und Svend freiwillig in den Krieg gezogen.

Im Textauszug aus dem Vorwort zur ersten Nummer erklärt Grundtvig Name und Zweck der Zeitschrift. Das Wort „Däne" war zu der Zeit nicht so gängig wie heute, so dass die Absicht der Zeitschrift darauf zielt, die Dänen für das Dänentum zu gewinnen! Grundtvig macht sich Sorgen über die Situation Dänemarks und fürchtet schlichtweg dessen Auflösung. Nach 40 Jahren Schreibarbeit weiß er, dass es nichts nützt, sich auf dem Resultat der Arbeit auszuruhen, sondern, dass er darum kämpfen will, den Dänen ihr Dänentum bewusst zu machen – eine Aufgabe, die er nach seinem Gutdünken für absolut notwendig hält, wenn das Dänische überleben soll. Es nützt ja nichts, sich nur negativ vor anderen zu definieren, z. B. indem man darauf achtet, das Gegenteil von deutsch zu sein, sondern es muss näher bestimmt werden, was das Dänische ist, und er verweist dabei auf Volkskunde, Mythologie und Sagenschatz als typisch dänisches Gut. Daraus gilt es die Kraft zu ziehen, die im Überlebenskampf gegen das Fremde nötig ist. Mit anderen Worten: Man steht vor der Wahl zwischen Leben und Tod des Volkes, was eine Wahl zwischen deutsch und dänisch bedeutet.

Der Däne

Die Worte „Die Deutschen" und „Die Schweden" kennt jeder und alle unsere Skribenten benutzen sie, aber das Wort „Der Däne" sieht man nie, und manche könnten vielleicht sogar meinen, es wär meiner Feder entsprungen, als ob es nicht schon vor zweihundert Jahren (…) schriftlich durch *Shakespeare* in seinem „Dänischen Prinzen Hamlet" belegt wäre und dies (…) erklärt nur allzu gut die massive Unwissenheit darüber und die Geringschätzung für alles, was bloß dänisch ist, wie es leider (…) in unserer Lesewelt vorherrscht.

Wenn ich nun dächte, dass ich durch das Schreiben eines *Wochenblattes* mit dem Namen „*Der Däne*" alles Unglück von Dänemark abwenden könnte und darin, soweit möglich, alles mit *Dänischem Auge* betrachtete und alles mit *Dänischen Worten* beschriebe, da wäre ich wohl ein Narr, denn das Schicksal meiner dänischen Feder sollte mich im Laufe von vierzig Jahren viel klüger gemacht haben; aber ich verzweifle dennoch nicht darüber, dass Dänemark mit *allerlei* Mitteln für das Dänentum gewonnen werden kann, und eines der Mittel (…) ist ein wirklich *Dänisches Wochenblatt,* das in dieser verwirrten Zeit guten *Dänen* helfen kann, sich selbst und einander zu verstehen, und gewiss ist es ein Wagnis für mich, auf meine alten Tage, ohne sonderlichen Beistand von jüngeren Federn, so etwas anzufangen, aber ich bin nun mal ein alter Draufgänger in der dänischen Lesewelt, und wage, nichts unversucht zu lassen, was möglicherweise zur Rettung des Dänentums vor dem großen Schiffbruch beitragen könnte, der niemals augenscheinlicher war als jetzt.

Es ist nämlich sonnenklar (…), dass wir, sofern wir mitten in dem Jahrhundert der Volkstümlichkeit, was das *Neunzehnte* ist, noch keinen anderen Begriff vom *Dänischen* haben, als *Undeutsch,* so wie *die Polen* mit *Polnisch* nur *unrussisch* zu verstehen scheinen, *unpreußisch* oder *unöstreichisch,* dann wird es wohl Dänemark bald so gehen wie es Polen erging, denn damit hätten wir unsere Berechtigung, ein *Volk* zu sein und ein Reich darzustellen im wirklichen menschlichen Verständnis, entweder niemals gehabt oder jedenfalls verloren, und doch könnte nichts unberechtigter für ein *Volk* wie das *Dänische* sein, dessen kleines Königreich (...) so steinalt geworden ist, (...) denn hier beweist das bloße Alter, dass hier ein weitaus stärkerer *Zusammenhalt* in dem kleinen Volk gewesen sein muss, mit seinem kleinen *Vaterland* und seiner unansehnlichen *Muttersprache,* als das einer vorweg vermuten könnte.

Nirgendwo im Norden hat der Skaldengesang im alten Geist[69] so laut oder so unaufhörlich nachgehallt, vom *Zweiten April* 1801 bis Mitte *März* 1848, und dennoch herrscht wohl nirgendwo im Norden größere Unwissenheit über die *Asenlehre*[70] (...) als mitten in Dänemark (...); ich habe aber doch in dieser Angelegenheit immer gesagt und gedacht: *Der Schein trügt,* und nirgendwo mehr als in *Dänemark,* wo viele Münder über die *Asenlehre* vornehm lächeln und dumm darüber reden, während doch ihre Herzen im Leibe hüpfen, wenn sie von ihr hören. Und jetzt können wir sogar sehen, ob das *Dänische Volk* mehr Lust hat zu sterben und begraben zu werden, als zu leben und gute Tage zu sehen, denn nun ist es gewiss und wird mit jedem Tag klarer, dass das *Dänische Volk* nicht länger von Brot allein leben kann[71] (...), sondern jetzt muss der *Geist,* der Volksgeist hinzukommen (...), ein *Dänischer Geist,* mit eigenem Ton und Kraft, Feuer und Farbe, Glanz und Schwung und Flügelschlag über das *Dänische Volk* und in der *Dänischen Muttersprache,* oder es gibt überhaupt keinen Geist, überhaupt keine geistige Kraft dies zusammenzuhalten, fest gegen das Fremde und Feindliche zu stehen, sein Staatsbürgerrecht auf Gottes grüner Erde zu beweisen,

---

69 Hinweis auf die zeitgenössischen Interessen des dänischen Goldalters (Oehlenschläger, Baggesen und Grundtvig).
70 Die nordische Mythologie.
71 Vgl. Mt 4, 4.

und sich einander zu freuen über die uralte *Gemeinschaft* auf Mark und Heide und auf den Wellen so blau, über das g*emeinschaftliche* Wohl, den *gemeinsamen* Kampf und Sieg, *gemeinsames Dänisch*, unsterbliche Erinnerung (...).

– Ja, es ist klar und wird nun an einem der Tage sonnenklar, jetzt hat das *Dänische Volk allgemeines Wahlrecht,* ja, nicht nur Wahl-Recht auch Wahl-Zwang, denn wir haben trotz aller möglichen Freiheiten doch nur zwei große Herren zwischen denen wir wählen können, das Leben und der Tod, des *Volkes Leben* und des *Volkes Tod* (...), wie *Dänisch* und *Deutsch*, *Grunddänisch* und *Hochdeutsch,* und die Wahl gilt bis ans Ende der Welt (...). Ja, selbst wenn alle anderen Völker des Erdkreises sich zusammenschlössen und dadurch reich werden würden, das *Dänische Volk* und das *Deutsche* können dies trotzdem in Ewigkeit niemals.

Danskeren I–IV, Kjøbenhavn 1848, Band 1, S. 1–12.

Was ist ein Volk?

In der Zeitschrift „Der Däne" erschien etwas später im Jahr 1848 das Gedicht „Volksverbunden"[72] soll nun sein das Ganze„ von Grundtvig, das hier in einer verkürzten Version vorgestellt wird. Das Gedicht wurde bekannt als sein vielleicht am besten vollendeter Versuch zu sagen, was ein Volk ist, was speziell das dänische Volk ist. Das liegt nicht zuletzt an den oft zitierten Verszeilen: „Zu einem Volk all die gehören, die sich selbst dazu bekannt". Der Anlass zu dem Gedicht ist die neue Situation in Dänemark und Europa 1848 und der Krieg in Schleswig-Holstein.

---

72 Der Begriff „Volksverbunden" ist die freie Übersetzung eines bei Grundtvig häufig verwendeten Begriffes. Der Begriff bezeichnet die Nähe zum Volk und das Zwischenmenschliche unter dem Volk.

Etwas Neues und Volksverbundenes ist auf dem Weg, die Frage ist nur, ob das, was sich jetzt ändert, alles auch besser macht. Gibt es Ideen, die mehr sind als die Zufriedenstellung des Volksaufstandes? Was ist eigentlich ein Volk? Wie kann man es erkennen? Am Aussehen? Oder ist ein Volk etwas Totes, was der Vergangenheit angehört? Gibt es etwas, was ein Volk zusammenhält? Die Antwort findet das Gedicht in der Vergangenheit und diese muss zum Nutzen der Gegenwart geweckt werden. Es ist das Blut und namentlich das unsichtbare Band der Sprache, das eine Gemeinschaft schafft, von der man selbst merkt, ob man ihr angehört oder nicht. Mangelt es an Leidenschaft, schließt man sich selbst aus.

Die Gemeinschaft wird als ein Körper beschrieben, bei dem es auf die Zusammenarbeit der Gliedmaßen ankommt, damit der ganze Organismus lebt. Werden sie voneinander losgerissen, stirbt der Körper. Was das Volk tatsächlich zusammenhält, ist also der Volksgeist. Wenn es ihn gibt, zeichnet sich eine helle Zukunft ab und man wird sich erheben können zum Kampf gegen den deutschen Einfluss. Die neue Zeit fordert dänische Gesetze, dänische Schulen und eine dänische Art, Dinge zu tun und damit wird alles volksverbunden sein. Deshalb wird zum Zusammenhalt in dieser schweren Zeit aufgerufen. Die Volksverbundenheit schöpft ihre Kraft aus der Gemeinschaft der Herzen, d.h. dieser besonderen dänischen Liebe, die sich im Geliebten, auf dem Kampfplatz und in der Politik zeigt.

Die Volksverbundenheit

Volksverbunden soll nun sein das Ganze
rings im Land von Kopf bis Fuß;
etwas *Neues* ist im Werke,
selbst ein Tor es sehen muss;
aber kann es kaum geboren,
das ersetzen, was verloren?
Weiß man wirklich, was man will,
mehr als „Brot und Zirkusspiel"?[73]
    Mit Verlaub zu fragen!

Volk! Was ist denn Volk im Grunde?
Was bedeutet „*volksverbunden*" wohl?
Ist's der Mund vielleicht die Nase,
woran man es sehen soll?
Muss ins Hünengrab man gucken,
wo es nur Gelehrte suchen?
Ist es hinter Pflug und Knick
Jeder Fleischkloß grob und dick?
    Mit Verlaub zu fragen!

Völker gab's in alten Tagen,
große, kleine, ohne Zahl.
Ob es *Völker* gibt auch heute,
wird erprobt nun überall:
Völker-Geister all' erwachen,
wie die flinken so die schwachen.
Was ein *jeder* kann und will
Alle setzen's gleich aufs Spiel.
    Antwort verhallt im Walde!

---

[73] Programm der römischen Kaiser, um die Bevölkerung durch Brot und Unterhaltung zufriedenzustellen.

Blut, Geburt sind Volkes-Gründe,
nicht die *Luft,* noch weniger *Stahl.*
Muttersprache in des Volkes Mund
Ist doch überall der Grund.
Wie sie klingt, und *wie sie* glühet;
Wie bei Dänen und bei Juden,[74]
hält uns fest verstecktes Band,
von Luftgeist oder Himmelshand!
      Antwort verhallt im Walde!

Alle die zum *Volk* gehören,
die sich *selbst* zu ihm *bekannt,*
freuen sich der *Muttersprache,*
brennen für das *Vaterland.*
Die sich nicht zum Volk bekennen,
sondern eigenwillig *trennen*
selbst vom eigenen Geschlecht,
leugnen *selbst* ihr Bürgerrecht!
      Antwort verhallt im Walde!

Brechen nun des Reiches Stände
Aus gemeinem Volksgeist aus,
handeln Kopf und Füß' und Hände
lächerlich auf eigne Faust;
dann ist ja das Reich zerrissen,
und der Väter Zeit gewesen;
müde schläft das *Volk* dann ein,
schwer wird es zu wecken sein!
      Antwort verhallt im Walde!

---

74 Vgl. Apg 2.

8. Der Däne

Werden dänisch die Gesetze
dänisch Schulen neugestalt,
dänisch Pflüge wie Gedanken,
neu wird unser Ruf so alt;
„Dänen ist das Glück gegeben,
auf dem Meer in Fried zu leben."[75]
Was das Volk dann denkt, fasst an,
volksverbunden ist das Ganze dann!
    Antwort verhallt im Walde!

Priester, Adel, Bürger, Bauern,
Künstler, Schiffer, Lehrerstand
Heißen *Übel,* was *undänisch,*
kämpfen für des Dänen Land.
Trotz verschied'nen Werkbereichen
Alle doch einander gleichen,
teilen doch *Geburt* und *Blut,*
Muttersprache, Löwenmut![76]
    Antwort verhallt im Walde!

Volksverbunden ist in unsrem Lande
eines noch aus Herzensgrund:
Volksverbunden ist das *Lied der Liebe*
dänisch echt zu jeder Stund;
nicht im Feld und nicht im Tinge
Frauen und *Kinder* zählen geringe;
Wie sich alles auch erweist,
Dänisch immer *Liebe* heißt!
    Antwort verhallt im Walde!

Vgl. *Schriften,* S. 567 ff. unter dem Titel „Die Volklichkeit"/„Folkeligheden", *Danskeren* I–IV, Kjøbenhavn 1848, Band 1, S. 381–384.

---

[75] Hinweis auf den Schriftsteller Ermoldus Nigellus 827 zur Charakterisierung der Dänen.
[76] Muttersprache (Herzen) und Löwenmut könnten ein Hinweis auf das dänische Wappenschild sein.

Grundtvig-Portrait an der Testrup Højskole, Martin Slottemo Lyngstad, 2014.

9. Grundtvigs Wirkungsgeschichte

 Wir wissen, dass Grundtvigs Lebenswerk einer der Ecksteine ist, auf dem das Dänemark, wie es besteht, aufgebaut ist.[77]

---

77 *Georg Brandes* 1902, *Politiske artikler og taler, Udvalgte skrifter,* Band 9, København, Tiderne Skrifter 1987, S. 21.

Zu Grundtvigs Beerdigung in der Erlöser Kirche (Vor Frelsers Kirke) am 11. September 1872 versammelte sich eine große Trauergemeinde, darunter ein Viertel aller Landespfarrer. Er war schon zu Lebzeiten zu einer Bewegung geworden, die seinen Namen trug, nun sollte eine neue Generation, die als natürliches Zentrum einen großen charismatischen Menschen hatte, herausfinden, wie dies Erbe weitergeführt werden sollte.

Ab und an hieß es, die Grundtvigianer hätten ihr Vorbild missverstanden und ihn für ihre eigenen Projekte eingesetzt. Der Meister war größer als seine Lehrlinge! Das stimmt insofern, als die grundtvigsche Bewegung über Jahre hin auf wechselnde Seiten des umfangreichen Werkes konzentriert war und dass man oft versucht hat, mit Grundtvig Antworten auf aktuelle Fragen der Zeit zu finden, ihn sozusagen nach dem jeweiligen Bild der Zeit zu formen.

Trotzdem ist die vermittelnde Arbeit der Grundtvigianer mit den Ideen und Texten aus Grundtvigs schriftstellerischer Tätigkeit ganz entscheidend, wenn man seine große Bedeutung verstehen möchte. Diese Bewegung hat alle Facetten seines Wirkens annektiert: die Kirche, die Schule, die Kultur, die umfassende Literatur, die Geschichtsschreibung, den Gebrauch einer Bilderwelt der Mythologie und seine politischen Gedanken. Aus der grundtvigschen Bewegung ging Dänemark als „Grundtvigs Vaterland" hervor.

Aber auch außerhalb der grundtvigschen Kreise gewann er an Bedeutung. Keine der anderen großen Traditionen, die das Entstehen des modernen Dänemark beeinflusst hatten, konnte es vermeiden, sich dem Phänomen Grundtvig zu stellen. Das gilt z. B. für die Innere Mission, die sozialistische Arbeiterbewegung und die Kulturradikalen, die sich trotz unterschiedlicher Ausgangspunkte in einem Für und Wider mit den Grundtvigianern und Grundtvigs Gedankengut auseinandersetzten.

Der Grundtvigianismus nach Grundtvig

In den Jahren nach Grundtvigs Tod herrschte schnell Uneinigkeit darüber, wie man sich zu dieser verstorbenen Hintergrundgestalt verhalten sollte. Dies spaltete die Bewegung in kleinere Gruppen und schon 1880 sprach man von drei Gruppierungen: Altgrundtvigianer, Neugrundtvigianer und einem mittleren Flügel. Die Fragen, die sie trennten, betrafen die Kirche, die Schule, die Kultur und die Politik.

Die Altgrundtvigianer arbeiteten bisweilen zusammen mit der Inneren Mission. Sie betonten die Bibeltreue des jungen Grundtvig und manche von ihnen, die sich in den ersten Jahren der Inneren Mission anschlossen, stammten aus dem grundtvigschen Milieu. Nachdem es Ende der 1860er zu Differenzen kam, ging jede Bewegung in ihre eigene Richtung.

> **Die Innere Mission**
> Die Innere Mission ist eine Erweckungsbewegung mit deutschen Wurzeln, die 1853 in Dänemark mit dem Ziel zusammenfand, Menschen zum gelebten Christentum zu bekehren. Nach einigen Jahren mit unsicherem Kurs wird die Bewegung 1861 in „Kirchlicher Verein für die Innere Mission in Dänemark" umbenannt. Der Name signalisiert, dass es hier um Missionierung ging, d.h. darum, die Menschen innerhalb der Volkskirche zum christlichen Glauben aufzurufen, was zu der Zeit fast die ganze Bevölkerung betraf. Während die Grundtvigianer das Hauptgewicht auf das lebendige Wort Gottes im Gottesdienst und in der Gemeindearbeit legten, galten für die Innere Mission das Bibelwort und die Bekehrung des Einzelnen.
>
> Von 1861 an wurde der Verein von Pastor Vilhelm Beck (1829–1901) geleitet, der 1881 folglich auch den Vorsitz übernahm – einen Posten, den er bis zu seinem Tod bekleidete. In

> den ersten Jahren fand teilweise eine Zusammenarbeit mit den Grundtvigianern statt, aus der sich aber ab Ende 1860 zwei getrennte Bewegungen formten. Entgegen der grundtvigschen Bewegung wurde die Leitung der Inneren Mission von nachgewählten Mitgliedern aus eigenen Reihen ergänzt und man bediente sich bezahlter Mitarbeiter (Innere Missionare), deren Hauptaufgabe die Verkündigung des Christentums war. Es gab außerdem als Zentrum der Arbeit eigene Gebäude (Missionshäuser). Gegen Ende des 19. Jh. erlebte die Bewegung einen großen Zuwachs an Mitgliedern, die einer recht erfolgreichen Erweckungsarbeit in vielen Distrikten des Landes geschuldet war, teils hervorgerufen durch den selbständigen Verein der Inneren Mission Kopenhagens 1865, der durch einen umfassenden sozialen Hilfseinsatz für Kranke und Arme mit vielen Menschen der Hauptstadt in Kontakt kam.

Es wurde oft von dem „fröhlichen Christentum" des Grundtvigianismus gesprochen, als Gegensatz zum ernsten und dunkeln der Inneren Mission, die nicht wie die Grundtvigianer zwischen Christenleben und Menschenleben unterschied. Alles sollte nach dem persönlichen Glauben eingefärbt werden und man nahm Abstand von Kartenspiel, Tanz und ganz oft auch Alkohol. In späteren Jahren jedoch ist für viele in steigendem Maße die Ähnlichkeit beider Bewegungen sichtbar geworden.

Sowohl in politischer als auch in kultureller Hinsicht waren die Altgrundtvigianer konservativ eingestellt: sie bevorzugten die Gedichte des „Goldenen Zeitalters" und lehnten die Literatur des modernen Durchbruchs und dessen realistische Schilderungen der Zeit und Probleme ab, die sich im Kielwasser der Gedanken von Georg Brandes bewegten.

9. Grundtvigs Wirkungsgeschichte

> **Georg Brandes**
>
> Georg Brandes (1842–1927) wurde in eine jüdische Kaufmannsfamilie in Kopenhagen hineingeboren, wurde mit siebzehn Jahren Student und bekam als Zwanzigjähriger die Goldmedaille der Universität für Ästhetik. Danach besuchte er 1865–1871 eine Reihe renommierter Universitäten in Europa und wurde nach seiner Doktorarbeit mit einer Vorlesungsreihe, die er 1870 begann, über „Hauptströmungen in der Literatur des 19. Jahrhunderts" in Dänemark bekannt.
>
> Die Vorlesungen weckten augenblickliche Sensation und Verärgerung. Als der bekannte Dichter und Professor für Ästhetik Carsten Hauch ein Jahr später verstarb, rechneten viele damit, dass Georg Brandes seine Nachfolge antreten würde. Seine Ansichten und Meinungen aber waren für die Zeit zu radikal und viele waren darüber bestürzt, dass er als Atheist galt. Dazu kam seine jüdische Herkunft, beides Faktoren, die zu der Zeit problematisch erschienen, wollte man sich in die feine Gesellschaft Kopenhagens einreihen.
>
> Georg Brandes wie auch sein Bruder Edvard Brandes wurden beide Leitfiguren der damaligen modernen literarischen und politischen Welt Dänemarks und dienten als Inspirationsquelle für die spätere Bewegung des Kulturradikalismus.

Georg Brandes war sich der Bedeutung Grundtvigs durchaus bewusst, kritisierte aber sowohl Grundtvig, wie auch die Grundtvigianer mit dem Vorwurf, die moderne Welt nicht zu verstehen. Eine Kritik, an der sich einige Grundtvigianer, z. B. der Kirchenliederdichter und Romancier Jacob Knudsen (1858–1917), in gewissem Umfang in den Diskussionen mit den Altgrundtvigianern beteiligten.

Grundtvig ist ein *großer* Mann. Ich für mein Teil verabscheue ihn, aber er war, hol' mich der Teufel, ein großer Mann.[78]

Die Altgrundtvigianer haben sich ebenfalls häufig kritisch zu vielen Heimvolkshochschulen, die nach 1864 gegründet wurden, verhalten und träumten stattdessen von der Etablierung von Grundtvigs „Akademie für das Volk" in Sorø. Sie wollten damit eine Institution gründen, die ihrer Meinung nach an die Stelle einer versteiften Universitätsausbildung treten konnte und gleichzeitig ein akademisches Niveau zum Nutzen der Entwicklung der Gesellschaft sichern sollte. Unter den vielen Zeitschriften innerhalb der grundtvigschen Bewegung wurde die „Dänische Kirchenzeitung" (Dansk Kirketidende), 1845 zum ersten Mal erschienen, im Laufe der Zeit der Favorit der Altgrundtvigianer.

Kirchliche Gemeinschaft – Grundtvigsk Forum

Im Jahre 1898 gründete eine Gruppe, überwiegend Kopenhagener Altgrundtvigianer, die Kirchliche Gemeinschaft, einen Verein, der sich von den Prinzipien und Arbeitsformen der Inneren Mission hatte inspirieren lassen. Man wünschte sich für die grundtvigsche Richtung eine größere Durchschlagskraft in Kopenhagen. In der neuen Organisationsform brach die Kirchliche Gemeinschaft mit den alten Prinzipien der grundtvigschen Arbeit auf der Basis von Motivation und Freiwilligkeit – eine Wende, die viel Kritik hervorrief. Heute, wo die alten Gruppierungen der Bewegung verblasst sind und man kaum von neuen sprechen kann – hat sich die Gemeinschaft 2007 in Grundtvigsk Forum umbenannt.

---

78 *Gertrud Rung, Georg Brandes i Samvær og Breve,* København, Gyldendal 1930, S. 49.

9. Grundtvigs Wirkungsgeschichte

> Eine Reihe von Ausschüssen arbeitet mit zeitgenössischen Interpretationen grundtvigscher Fragen zu Kirche, Ausbildung, Politik und geistiger Freiheit, und mischt sich aktiv in die öffentlichen Debatten und in Prozesse politischer Beschlüsse ein. Diese Ausschüsse werden auf einem mehrtägigen Jahrestreffen gewählt, wo einige hundert Mitglieder sich versammeln und – oft in lebhaften Debatten – die Angelegenheiten des Vereins und seinen zukünftigen Kurs diskutieren.
>
> Grundtvigsk Forum hat sein Hauptsekretariat im Vartov-Komplex beim Rathausplatz. Hier werden von dem Verein die Grundtvig-Bibliothek und die Grundtvig-Akademie aufrechterhalten, die diverse Vorträge, Studienkreise und Konferenzen über Glauben, Kirche, Gesellschaftsleben, Kunst, Ausbildung und ähnliches veranstalten. Im Vartov-Komplex befindet sich außerdem Grundtvigs alte Kirche, die heute von der Vartov Wahlgemeinde genutzt wird. Außerdem verfügt Grundtvigsk Forum über eine Reihe von Vortragsvereinen im ganzen Land und steht hinter der Veröffentlichung von *Grundtvigsk Tidende* (ehemals *Dansk Kirketidende*), das einmal im Monat erscheint.

Die Neugrundtvigianer waren in ihrem Gedankengut anders und zwar moderner ausgerichtet und zudem der Ansicht, dass die Politik der Venstre Partei in der Verlängerung von Grundtvigs politischem Denken lag. Die Verwendung von Grundtvigs volksverbundenem und hellem Menschenbild ermöglichte eine große Offenheit gegenüber der modernen Kultur. Die neuen Freien Schulen für Kinder sollten durch Erzählung und neue Unterrichtsformen die Neugier der Kinder und die Lust zum Lernen wecken, wie Grundtvig – und nicht zuletzt der große Organisator zur Gestaltung vieler Schulen Christen Kold (1816–1870) – es verlangt hatten. Diese Ideen verbreiteten sich mit der Zeit bei vielen Lehrern und pädagogisch Aktiven auch außerhalb des grundtvigschen Milieus und gewannen so indirekten und direkten Einfluss auf das dänische Unterrichtswesen.

In den letzten Jahren hat Grundtvigsk Forum in Zusammenarbeit mit dem Vartov Kolleg zum Marathonsingen am längsten Tag des Jahres im Garten des Vartov Komplexes eingeladen. Von 7 Uhr bis zum Sonnenuntergang wurde aus *Højskolesangbogen* (dem Liederbuch für Heimvolkshochschulen) gesungen, und dazwischen ausgewählte Lieder von eingeladenen Rednern kommentiert. Im Verlauf des Tages finden viele Menschen den Weg dorthin. Im Hintergrund ist die von Niels Skovgaard geschaffene Statue Grundtvigs zu sehen.

Die Grundtvig-Koldsche Tradition der Freien Schulen

Die Idee der Freien Schule kam ursprünglich aus dem Umfeld Grundtvigs, der selbst als Anhänger des häuslichen Unterrichts auch empfohlen hatte, die eigenen Kinder und Kinder von Freunden durch Hauslehrer zu unterrichten, Lehrer die nicht selten zum Hausstand gehörten. Dem folgten im Laufe der Zeit auch Schulen mit eigenen Gebäuden. Im Zuge dieser Entwicklung spielte Christen Mikkelsen Kold (1816–1870) eine zentrale Rolle. Er war ausgebildeter Lehrer, geprägt von der frommen Erweckungsbewegung und verkehrte auch in grundtvigschen Kreisen. Von Grundtvig hatte er die Idee von der Bedeutung der Mündlichkeit im Schulunterricht übernommen und mit dem Auswendiglernen aufgeräumt, dabei geriet er in Konflikt mit dem öffentlichen Schulwesen. Kold und seine Schüler waren in vielfältiger Weise jene, die Grundtvigs pädagogische Ideen in die Praxis umsetzten und mit ihrem Einsatz durchgreifenden Einfluss auf die dänischen Freien Schulen und Heimvolkshochschulen nahmen. Kold stand 1851 hinter der Eröffnung einer Art Heimvolkshochschule für die Jugend in Ryslinge und ein Jahr später auch hinter der Etablierung der Freien Schule in Dalby, auch danach war er an der Eröffnung anderer Schulen beteiligt. Im Jahre 1855 kam das neue *Gesetz für Freie Schulen* (Friskoleloven), wobei die Schulpflicht, die es seit dem allgemeinen Schulgesetz von 1814 gab, durch die Unterrichtspflicht ersetzt wurde. Diese Änderung bedeutete, dass danach der häusliche Unterricht der Kinder oder die Errichtung von Freien Schulen eine Möglichkeit für alle Eltern war, die ihre Kinder nicht auf eine öffentliche Schule schicken wollten. Für Freie Schulen und Hauslehrer muss laut Gesetz der Anspruch gelten, dass der Unterricht „sich messen lassen muss, an den Anforderungen die allgemein in der Volksschule gestellt werden". Außerdem sollen die Schulen „nach ihrem Anspruch und in all ihrem Wirken die Schüler darauf vorbereiten, in einer Gesellschaft wie der dänischen in Freiheit und Volksherrschaft zu leben und, die Kenntnis der Schüler darüber entwickeln und stärken, im Respekt für grundlegende Freiheits- und Menschenrechte, darunter die Gleichstellung der Geschlechter." Es wird über jede einzelne Freie Schule Aufsicht geführt, um sicher zu stellen, dass sie den Anforderungen gerecht wird. Im Zuge der Turbulenzen um muslimische Freie Schulen wurde die Verordnung in den letzten Jahren eingehend diskutiert.

Gerade jetzt herrscht große Uneinigkeit darüber, inwiefern die grundtvig-koldschen Ideen dem dänischen Schul- und Ausbildungswesen dienlich waren. Manche meinen, es gab und gibt immer noch eine unverhältnismäßig große Angst vor dem Auswendiglernen und diese müsste wohl von Grundtvig und Kold stammen. Einzelne hielten schlichtweg Grundtvigs Idee der Schule aus Lust für schuldig an den schlechten Resultaten in den sogenannten PISA-Berichten über die Schreib- und Lesefertigkeit dänischer Schüler, wenn sie mit anderen verglichen werden. Von anderen wiederum wurde hervorgehoben, dass die praktizierten Pädagogik- und Freiheitstraditionen, die durch Grundtvig und Kold entstanden waren, im Gegenteil zu einer besonderen Form des selbständigen Denkens und der Kritik beigetragen hätten – ein Bildungsprozess der beispielsweise dazu führt, dass dänische Kinder in einer zweckmäßigen und andersartigen Weise als im Ausland, vorbereitet werden, sich den Herausforderungen im Arbeitsleben als Erwachsene zu stellen.

Die Neugrundtvigianer haben regelmäßig über Kirche und Volksleben in der immer noch existierenden Zeitschrift *Højskolebladet* (Magazin für die Heimvolkshochschulen) seit 1876 publiziert. Die Zeitschrift der Freien Schulen seit 1904 hieß *Baunen* und heißt heutzutage *Friskolebladet* (Magazin für die Freien Schulen).

Verein der Heimvolkshochschulen in Dänemark[79]
Im Jahre 1891 gründete sich der Verein für Heimvolkshochschulen und Landwirtschaftsschulen,[80] aber durch die fachspezifische Entwicklung der Landwirtschaftsschulen im Laufe der Zeit wurde der Verein zum Verein für Heimvolkshochschulen[81]

---

79 Folkehøjskolernes Forening i Danmark.
80 Foreningen for Højskoler og Landbrugsskoler.
81 Foreningen for Folkehøjskoler i Danmark.

> umgestaltet, seit 2000 Verein der Heimvolkshochschulen in Dänemark[82] mit Sitz in Kopenhagen. Im Verein sind verschiedene Ausschüsse tätig und bestrebt im Austausch mit Ämtern und Organisationen die Platzierung der Heimvolkshochschulen im Kultur- und Gesellschaftsleben Dänemarks zu sichern. Der Verein unterstützt ebenfalls die Heimvolkshochschulen in ihrer ökonomischen und administrativen Arbeit, in Kursangeboten und Weiterbildung des Personals und im internationalen Engagement der Völkerverständigung. Zudem ist der Verein auch Herausgeber der Zeitschrift *Højskolebladet,* das 8 mal pro Jahr erscheint.

Die Interpretation Grundtvigs durch die Neugrundtvigianer wurde auch zu einem wichtigen Faktor in der Modernisierung der Landwirtschaft in der zweiten Hälfte des 19. Jh. Das gilt namentlich für die Bildung der Genossenschaften, deren Ideen einer kooperativen Zusammenarbeit von England ausgingen und mit der Idee der Gemeinschaft bei Grundtvig verschmolzen. Damit wurde die Basis für das dänische Vereinswesen mit Konsumvereinen, Molkereigenossenschaften, Gymnastik- und Sportvereinen geschaffen, was zur Entwicklung des heutigen Dänemarks beitrug. Auch durch die verschiedenen Handwerkssparten an den Heimvolkshochschulen und den selbständigen Handwerksschulen trugen die Grundtvigianer zur Etablierung einer zeitgemäßen Ausbildung für Maurer, Schreiner und andere Handwerker bei.

Während des zweiten Weltkrieges begann man Grundtvigs Ideen in einer neuen Art anzuwenden, als der Kirchenhistoriker und gesellschaftspolitische Meinungsführer Hal Koch (1904–1963) mit einer Reihe sehr gut besuchter Vorlesungen über Grundtvig sich bemühte, ihn über Parteigrenzen hinweg zu einem Gemeingut der

---

[82] Folkehøjskolernes Forening i Danmark.

Dänen zu machen, und das in einer aktuelleren Form als jener, die in der grundtvigschen Bewegung zu finden war. Koch machte darauf aufmerksam, dass Grundtvigs Ideen über die Hochschulen zum Ziel hatten, gewöhnliche Menschen auf eine Teilnahme am politischen Leben vorzubereiten – etwas, was vorher innerhalb der grundtvigschen Heimvolkshochschulen keine große Rolle gespielt hatte. Insgesamt wurde Kochs Interpretation von Demokratie als Dialog, die ihren Ursprung in Grundtvig hatte, ein wichtiger Schritt zum Verständnis von Demokratie im Dänemark der Nachkriegszeit.

Zu Grundtvigs Geburtstag am 8. September 1947 wurde die Grundtvig-Gesellschaft mit dem Ziel gegründet, „die Kenntnis von N. F. S. Grundtvig zu verbreiten und das Studium seines Wirkens und seiner Stellung im Geistesleben in und um Dänemark zu för-

Hal Koch während einer Vorlesung an der Uni Kopenhagen, 1940.

dern." Im folgenden Jahr veröffentlichte die Gesellschaft die erste Ausgabe des Jahrbuchs *Grundtvig-Studier,* das mit Ausnahme von einigen Doppeljahrgängen seither jährlich erschienen ist und entscheidend für das Zentrum der Grundtvig-Forschung war.

Nach dem Krieg entstand zudem ein neuer Abzweig des sogenannten Grundtvigianismus der „Zeitenwende", dessen Repräsentanten vorzugsweise Pfarrer waren und Grundtvig bis zu einem gewissen Grad im Sinne eines modernen Verständnisses von Christentum, wie es in der Zeitschrift *Tidehverv* (Zeitenwende) vertretenen wurde, interpretierten.

Die Zeitenwende (Tidehverv)

Die Bewegung – oder Arbeitsgemeinschaft, wie der Kreis sich gerne selbst nannte – entstand im Laufe der 1920er Jahre, als eine Gruppe junger Theologen die missionarische Form des Christentums, mit der sie aufgewachsen waren, kritisierten. Im Zentrum stand die Zeitschrift „Tidehverv", die 1926 zum ersten Mal erschienen war. Die Aufmerksamkeit sollte vom Erweckungschristentum, den verschworenen kirchlichen Zusammenkünften mit erbaulichen Sitzungen und den charismatischen Prädikanten weggelenkt werden, hin zu einer theologischen Sachlichkeit. Dazu ließ man sich von Martin Luther, Sören Kierkegaard und einer ähnlichen theologischen Bewegung in Deutschland inspirieren, nämlich der dialektischen Theologie und den Theologen, die sich um die Zeitschrift *Zwischen den Zeiten* sammelten, Karl Barth (1886–1968), Rudolf Bultmann (1884–1976), Friedrich Gogarten (1887–1967) und Eduard Thurneysen (1888–1977). Die jungen Theologen waren – wie ihre deutschen Inspirationsquellen – Menschen, die nach den Tragödien des ersten Weltkrieges voranzukommen versuchten und keine naiven und positiven Auffassungen der

> modernen Kultur akzeptieren wollten. Ihr Widerstand richtete sich vor allem gegen alles, was mit Kulturchristentum bezeichnet wird, darunter auch die grundtvigsche Bewegung. Das Kennzeichen von *Tidehverv* war Satire, Polemik und theologische Schärfe – ein Stil, der verlockend und erschreckend zugleich wirkte und vielen Außenstehenden exklusiv und seltsam erschien. Heute ist der tonangebende Kreis sehr politisch orientiert und in der Öffentlichkeit ganz anders bekannt – besonders durch die Nähe zur Dänischen Volkspartei. Es ist umstritten, ob die Entwicklung, in der man oft von den Gedanken Grundtvigs über das Dänentum Gebrauch gemacht hat, eine Abwendung von dem ursprünglichen Anliegen ist.

In vielerlei Hinsicht war die Distanz der Theologen mit grundtvigschem Hintergrund zu den Theologen der Tidehvervbewegung in Wirklichkeit zu groß, besonders in Bezug auf das Menschenbild und die Auffassung von Kultur und Gesellschaft. Die Spannung zwischen den unterschiedlichen Gruppierungen ist bis heute der Grund für eifrige Debatten und unversöhnliche Konflikte in der Grundtvig-Bewegung.

Die Grundtvigianer des Tidehverv pflegten nach 1945 auch engen Kontakt zum sogenannten Heretica-Kreis in der dänischen Literatur und prägten damit die führende dänische Heimvolkshochschule in Askov, die für viele Jahre u. a. dadurch ihre Position als bestimmende dänische Heimvolkshochschule bewahren konnte. Einen Höhepunkt bildet die Dissertation von Kaj Thaning (1904–1994) unter dem Titel *Menneske först – Grundtvigs opgör med sig selv* von 1963 „Erst einmal Mensch – Grundtvigs Auseinandersetzung mit sich selbst", vermutlich die bekannteste Forschungsarbeit über Grundtvig bis heute. Ihr Autor Kaj Thanning betonte Grundtvigs Sinn für das Leben des Menschen unabhängig vom Christentum. Diese neue Grundtvig-Interpretation machte es möglich, so auch dem säkularisierten modernen Menschen Grundtvigs Denken näher zu bringen. Das hatte Folgen in allen Kreisen und Heimvolkshochschulen der Grundtvig-Anhänger.

Neue Grundtvig-Interpretationen ergaben sich seit 1968 mit der Studentenrevolte in Teilen der gesellschafts- und kulturkritischen Kreisen, hier muss besonders Ebbe Kløvedal Reich (1940–2005) und sein Roman *Frederik v*on 1972 genannt werden. Darin wird Grundtvig als Denker für die Gemeinschaft und als Fürsprecher einer volksnahen antikapitalistischen Bürgerinitiative und als eine Art früher Sozialist interpretiert. Ein weiteres Beispiel wäre Ejvind Larsen mit dem Buch *Grundtvig – og noget om Marx* (Grundtvig – und einiges über Marx) von 1974.

Die 200-Jahrfeier für Grundtvigs Geburtstag 1983 wurde zur Grundlage von intensiver Forschung, die wichtige neue Forschungseditionen (darunter auf Deutsch: N. F. S. Grundtvig – Tradition und Erneuerung) und zugleich ein erweitertes Wissen über Grundtvigs Leben und Schriften hervorbrachte. Als Ergebnis dessen entstand das *Center for Grundtvig-Forskning* an der Universität von Aarhus. Im Laufe der Jahre hat das Zentrum Doktoranden ausgebildet und verschiedene Forscher engagiert. Es steht hinter einer Reihe von Publikationen von und über Grundtvig und unterschiedlichen Forschungskonferenzen in Dänemark und im Ausland. Seit 2009 wurde das Zentrum umstrukturiert und hat die Etablierung einer umfassenden elektronischen online-Ausgabe von Grundtvigs gedruckten Werken zu seiner Hauptaufgabe gemacht.

Grundtvig und die dänische Kirche

Grundtvigs Bedeutung für die dänische Kirche ist außergewöhnlich. Ganze Generationen von Pfarrern haben sich als Grundtvigianer verstanden und damit ihre Verbindung zu Grundtvig offengelegt. Inzwischen ist es schwierig zu sagen, was einen Pfarrer auszeichnet, wenn er sich als Grundtvigianer bezeichnet. Die ersten Generationen nach Grundtvig verteidigten die ganze Lebenspraxis, die dazu gehörte, d. h. das Gemeinde- und Menschenbild in Grundtvigs Denken. Nach dem Zweiten Weltkrieg änderte sich diese Ansicht und „Grundtvigianer" bedeutete so viel wie nicht zur Inneren Mission und auch nicht zur Tidehverv Bewegung zu gehören. Heute jedoch ist es so, dass Pfarrer sich in geringerem Maß über kirchliche Bewegungen definieren.

Trotzdem ist Grundtvig immer noch eine bedeutende Gestalt und Hintergrundfigur in der dänischen Kirche, die sich z. B. auch bei der Wahl der Bischöfe zeigt. Früher war man es gewohnt, entweder einen grundtvigschen oder einen Kandidaten der Inneren Mission zu wählen. Fast alle Kandidaten haben sich in den letzten Jahren als Grundtvigianer bezeichnet. Herausragend bleibt Grundtvigs Einfluss als Liederdichter zusammen mit seiner Bedeutung für die Liturgie, d.h. die kirchlichen Rituale. Obwohl Grundtvig ein Anhänger der freien Wahl von Ritualen war, war er doch ein Fürsprecher ältester Traditionen, die sich deshalb in der dänischen Kirche gehalten haben.

Auch die kirchenpolitischen Gedanken Grundtvigs haben eine große Rolle gespielt. Er war an einer engen Verbindung zur Kirche nicht interessiert, aber einer gewissen Verbindung schon. Einerseits kämpfte er gegen den staatlichen Zwang in der Kirche, andererseits fürchtete er, dass die selbständige Kirche letztendlich auch von oben gesteuert werden würde. Nichts von beidem passte zu seinem Freiheitsgedanken. Sein Erbe in der Volkskirche wurde Teil eines missglückten Projekts, als die Regierung unter Helle Thorning Schmidt 2011–14 versuchte, eine neue Führungsstruktur in der Volkskirche zu etablieren, einen sogenannten kirchlichen Zentralausschuss – was aber keinen breiten politischen Rückhalt fand.

Dänemarks Volkskirche hat 71,4 % der Einwohnerzahl als Mitglieder, eine der höchsten Zahlen unter den Ländern, die eine ähnliche Verknüpfung zwischen Staat und Kirche kennen. Auch heftigere Debatten und Uneinigkeit im Laufe der Jahre konnten die Volkskirche nicht spalten. Viele haben vermutet, dass Grundtvigs Gedanken über Freiheit und Offenheit die Ursache für diese Situation sein könnten.

Grundtvig und der moderne Kulturkampf

Dänemarks Kultur ist so tief von Grundtvigs Gedanken durchdrungen, dass dies kaum bemerkt wird. Viele bekennen sich zu diesem Erbe und beziehen sich positiv darauf. In den letzten Jahrzehnten sind die kritischen Stimmen um seine Bedeutung lauter geworden, so wurde er des Rassismus und Bibelfundamentalismus angeklagt und als national konservativ, fanatisch religiös u. a. beschimpft. Sein Denken über das Dänentum wurde als Gegensatz zu Toleranz, Menschenrechten und Demokratie angesehen. Beispielsweise hat der Autor Jens Christian Grøndahl im Feuilleton der Zeitung *Berlinske Tidende* vom 19. Juni 2009 zum Thema der Notwendigkeit, Fremdsprachen zu lernen, eine sehr bekannte Geschichte als Beweis herangezogen, welche die Dänen gerne benutzen, wenn sie erklären sollen, wer sie sind.

 Sie ist bekannt und stammt aus den früheren Jahren des Nationalstaates mit Grundtvig als Ayatollah des Dänentums. Es ist die Geschichte von freien Bauern in einer einträchtigen Volksgemeinschaft, wo man am Boden bleibt, wo wenige zu viel haben, und wo draußen gut ist, weil es zu Hause besser ist. So einig sind die Dänen, dass diese Version die Zustimmung des ganzen politischen Spektrums genießt, von einer zur anderen Volkspartei.[83]

---

83 Jens Christian Grøndahl, „Ja til sprog", *Berlinske Tidende,* 19. Juni 2009.

Diese neue Ansicht über Grundtvig gab es vor dem Jahrtausendwechsel nur selten. Die Erklärung dafür liegt unter anderem darin, dass Grundtvig eine Spielfigur in der sogenannten Wertedebatte oder im Kulturkampf geworden war. Charakteristisch allerdings ist die Tatsache, dass keiner oder nur sehr wenige Politiker ihn kritisiert haben. Ab und an hört man Äußerungen, wie: „Grundtvig repräsentiert die dänischen Werte" oder „das darf es in Grundtvigs Vaterland nicht geben", die als Autorität und Argumentationsgewicht genutzt werden.

Es liegt nahe zu glauben, dass der Mangel an kritischen Aussagen der Grund dafür ist, dass Politiker immer auf die Stimmungen in der Bevölkerung Rücksicht nehmen, um zu überleben, und wissen, dass es gefährlich werden kann, wenn man in diesem Umfeld allzu kritisch wäre. Grundtvig gilt als starkes Symbol für die Dänen, ein Landesvater, Prophet und Weiser.

Die vielfältigen Problemstellungen der heutigen Politik, hochaktuelle Diskussionen über Flüchtlinge, Einwanderung und Integration, wie auch Glaubens- und Religionsfreiheit, Unterrichtsfreiheit, Meinungsfreiheit und nationales Selbstverständnis waren Grundtvigs Herzblut und Fragestellungen, denen er auf den Grund gehen wollte. Bis vor wenigen Jahren galt dies in den politischen Parteien und in der breiten Öffentlichkeit als indiskutables Erbgut.

Immer noch ist er in hohem Maße im Bewusstsein der Dänen als etwas, zu dem man sich verhält, mal in der einen, mal in der anderen Form, und wie schon Sören Kierkegaard bemerkte, ist Grundtvig eine Gestalt mit vielen Gesichtern:

> Mal mit dem apostolischen Heiligenschein um das verklärte Antlitz, mal unkenntlich in altnordischem Zottelhaar, immer eine lärmende Individualität, göttlich, weltlich, altnordisch, christlich, Hohepriester, Holger-Danske, mal jubelnd, mal

weinend, immer prophetisch, selbst wenn es sich ironisch so trifft, dass er gleichzeitig wird mit dem, was erst in fernen Zeiten in seiner Erfüllung sichtbar sein wird: Grundtvig ist ein nicht zu übersehendes Phänomen.[84]

Grundtvig auf dem Rockfestival in Roskilde

Im Jahre 1824 schrieb Grundtvig das 312 Strophen lange Gedicht „Neujahrsmorgen" (Nyaars-Morgen). Dieses rätselhafte und verlockende poetische Werk ist ein Höhepunkt in Grundtvigs Schaffen, gleichzeitig aber auch sehr schwer zu verstehen und von ihm auch selbstverständlich so gewollt. Einmal mehr trat er hier als Romantiker auf. Seine Themen sind: der Mensch hat nur eine ferne Ahnung von der Wahrheit, die tiefsten Erkenntnisse brauchen Zeit, man findet sie im Dunkeln, sie geschehen nur langsam, der Dichter muss die Weisheit in der Geschichte und der Mythologie suchen. Diese mühsame Arbeit erinnert an den langen Weg des Kumpels in der Erzgrube, von seinem ersten Schlag in den Berg, bis er vor dem gegossenen Resultat steht: Eine neue Glocke auf der er spielen kann.

Man ist sich nicht einig darüber, wovon das Gedicht „Neujahrsmorgen" eigentlich handelt, jedoch gibt es kaum Zweifel, dass Grundtvig mit der starken Selbstsymbolik und den vielen Hinweisen auf den Norden, die Vergangenheit und die Zukunft Dänemarks unter anderem den Versuch unternimmt, Klarheit über sich selbst und seine Bedeutung im Norden zu gewinnen. Die Entwicklung des Nordens und sein eigenes Leben mit existenziellen Höhen und Tiefen, Dunkel- und Klarheit, Tag und Nacht und religiösem Durchbruch sind miteinander in einer mystischen und verlockenden Weise verflochten. Auch das Gedicht *De Levendes Land* (Das Land der Lebendigen) aus demselben Jahr, spricht von der Hoff-

---

84 *Søren Kierkegaards papirer,* hg. von P. A. Heiberg u. a., København, 2. Aufl. hg. von N. Thulstrup, Bd. I–XVI, Gyldendal, Bd. VI B, 29–30, S. 111–112.

nung, auf der anderen Seite des Meeres das paradiesische Land zu finden. In den letzten Jahren hat das Gedicht eine Art „Nachklang" in der dänischen Band Nephew gefunden. In deren Album *Danmark-Denmark* (2009) haben sie aus einer neuen englischen Übersetzung von Kristian Schultz Petersen einige Strophen herausgepflückt und als Text für den Song New Year's Morning benutzt.

Am 9. September 2009 äußerte sich der Frontsänger der Band Simon Kvamm in der Zeitung *Kristeligt Dagblad* über Nephews Experiment mit dem Grundtvigtext wie folgt:

 Bei Nephew haben wir in unseren Texten ständig zwischen dänisch und englisch herumgezappt, so dass wir in eine interessante Verwandtschaft geraten sind, die unsere Neugier sofort entfachte. Ich denke, die englische Übersetzung gibt Grundtvig eine neue, zeitlose Dimension. Die Übersetzung wirkt wie ein Filter, der neue Möglichkeiten gibt, den Text quasi von außen zu erleben, ohne mitten drin zu stecken, denn das ist es ja, was wir Dänen in Bezug auf Grundtvig tun. Wir sind alle so von Grundtvig geprägt, dass wir ihn fast nicht mehr sehen, aber es sind seine Ansichten, die wir in der Gesellschaft und in der Volksverbundenheit, die über Länderspiele und Zylinderhüte hinausragen, wiederfinden. Die Heimvolkshochschullieder sind wie ein gemütlicher Familienfilm. „Der Neujahrsmorgen" ist fast ein Gruselfilm mit Regen in den Gassen, mit Tod und Zerstörung, jedoch mit Hoffnung zum Schluss. Dies ist ein vollkommen anderer Grundtvig, auf den wir hier treffen (...) Ich habe mich für Grundtvig als Künstler und Dichter interessiert und bin ohne Ehrfurcht an ihn herangegangen. Mir ist seine backlist nicht bekannt und mir war es gleichgültig, ob all die Forscher sich über dieses Gedicht die Haare gerauft haben, ich bin an es herangegangen mit derselben Intuition, die ich immer benutze, wenn ich einen Song schreibe. In „Neujahrsmorgen" treffen wir einen Menschen, der sich aus Mutlosigkeit und Sinnlosigkeit herauskämpft und wieder Sinn und Zusammenhang in seinem Leben bekommt, durch die Kräfte, die er in der dänischen Natur und Sprache findet.[85]

Die Band Nephews nimmt in ihrer Auswahl der Strophen den Ton auf, den das Gedicht anschlägt, mit den Worten: „Blown off was my power – and murdered my peace". Die deprimierende Winterlandschaft weist auf die Suche nach der Quelle der Liebe und den Wunsch, sich selbst zu verwandeln. Licht, das keine Wärme hat, könnte ein Hinweis auf Grundtvigs unglückliche Verliebtheit in Egeløkke sein. Der Dichter muss seine Stimme aus dem Klang der alten Berge gewinnen. Die Kraft aus dem alten Norden verweist auf die neue Zeit, die noch kommen wird: der Neujahrsmorgen. Zu den Klängen verlockender Musik fängt Simon Kvamms Stimme die Kraft und die rätselhafte Stimmung aus Grundtvigs altem Text ein.

New Years Morning	Neujahrsmorgen
Blown off was my power –	Verflogen war meine Stärke –
And murdered my peace	Ausgelöscht meine Ruh'
It thundered in darkness;	Es stürmte im Dunkeln:
And if you had faith	Und hättest du den Glauben,
To move even mountains	Du könntest Berge versetzen,
It profits you nothing	Es wird nichts taugen,
When stony and cold is the heart	Wenn steinhart das Herz ist und kalt.
New Year's Morning	Neujahrsmorgen
Then misery taught me –	Da lehrte mich Armut
In midwinter's chill	Mitten im Winter voll Eis,
That light without warming –	Dass Licht ohne Wärme
Is torment of hell	Die Höllenqual heißt;

---

85 Simon Kvamm, *Kristeligt Dagblad*, 9. Sept. 2009.

To struggle I wanted
Towards love's very fountain
Myself I did wish to transform

New Year's Morning
Where darkly from mountains –
A thundering sound
Ascends with much power –
From song of the old
Where tones fully bustle –
With roar over field
As torrents do welter –
In dale of the cliffs
Just there felt belonging
My heart which when speaking
Like roar, was an echo in stone

New Year's Morning
Sing low over forest
Sing high over water;
God's peace over people of the north

New Year's Morning
New Year's Morning[86]

Will mich kämpfen voran
Zur Liebesquelle sodann,
Will mich selbst neu erschaffen!

Neujahrsmorgen
Wie dunkel vom Berge
Der donnernde Klang
Steigt hoch mit Gewalt
Aus der Vorzeit Gesang;
Wie Töne dort sausen
Über's Feld mit Knall,
Die Fluten sie brausen
Durch felsiges Tal,
Dort fühlte sich heimisch
Mein Herz, seine Stimme
Wie Dröhnen, war ein
Echo im Erz!

Neujahrsmorgen
Sing tief über dem Wald,
Sing hoch über den Wogen:
Gottes Friede über das Volk im Norden!

Neujahrsmorgen
Neujahrsmorgen

---

86 N.F.S. Grundtvig, *Nyaars-Morgen*, København, Jens Hostrup Schultz 1824. Übersetzung ins Englische: Kristian Schultz Petersen, Grundtvig *New Year's Morning*, København, Forlaget Vartov 2009.

Das Portrait Grundtvigs als Kopie eines Gemäldes von Constantin Hansen hängt hier zwischen den Bildern von Nehru (1889–1964) und Gandhi (1869–1948) in der Shivaragudda-Schule in Südindien. Foto von Jens Ravnsborg, 1983.

10. Grundtvig in aller Welt

 Vielen unserer nordischen Freunde ist der große dänische Pfarrer und Philosoph Grundtvig bekannt. Neben vielen anderen Bereichen war er Fürsprecher für die Idee der Hochschulen, eine Ausbildung, die nicht nur einer Elite Zugang schaffte, sondern vielen anderen auch (...). Wir wären nicht hier, wären wir nicht für den Stein gekommen, den er in den See geworfen hatte und der Hoffnungswellen ins Rollen brachte, die sich letztlich bis über das Meer in die USA fortgesetzt haben.[87]

---

[87] Präsident Barack Obama am 13. Mai 2016. Anlässlich des Besuchs der nordischen Staatsminister, „Full transkript of President Obama's toast at the Nordic State dinner", *Washington Post* 13. Mai 2016.

Die Volksaufklärung ist ohne Zweifel das Umfeld, auf dem Grundtvigs Ideen die größte Bedeutung außerhalb Dänemarks fanden. Dabei geht es besonders um die Errichtung von Heimvolkshochschulen und seine dadurch erlangte Bedeutung für den Unterricht von Erwachsenen, sowie einer Lebensorientierung und einem gesellschaftsengagierten Denken im weitesten Sinn. Im 19. Jh. verbreiteten sich die Heimvolkshochschulen meist im übrigen Norden, im Laufe des 20. Jh. aber wurden Schulen und andere von Grundtvig inspirierte Initiativen in verschiedenen Ländern der Welt gegründet. Hier begann ein weiteres Kapitel in Grundtvigs Wirkungsgeschichte, das ihm eine Stimme verlieh und ihn zum Symbol in neuen und ganz unerwarteten Zusammenhängen werden ließ.

Die Ausbreitung der Heimvolkshochschulen im Weltmaßstab
In einer Zählung, die von Gunhild Skovmand und K. E. Bugge 2003 durchgeführt wurde, gelang es, fast 700 Heimvolkschulen weltweit zu finden, darunter knapp 400 im Norden. Dazu zählten sie in ihrer Registrierung Schulen, Organisationen und Unterrichtsplanungen, die nach ihrem Eindruck unter dem Einfluss von Grundtvigs Denken, entweder direkt oder indirekt z. B. durch schwedische oder norwegische Heimvolkshochschulen, entstanden waren.

Ein wichtiges Zentrum für diese Entwicklung war der Kontakt zwischen den Heimvolkshochschulen weltweit und den Heimvolkshochschulen in Dänemark und dem übrigen Norden. Schon 1921 wurde die Internationale Heimvolkshochschule in Helsingør (International People's College) von Peter Manniche (1889–1981) gegründet. Die vielen ausländischen Kursteilnehmer, die die Schule schon zu Beginn hatte, und deren oft fortdauernder Kontakt mit der Schule sorgten für eine große internationale Verbreitung von Grundtvigs Denken. Viele der Menschen, die seither eine Heimvolkshochschule gegründet oder eine Grundtvig-inspirierte Initiative irgendwo in der Welt entwickelt haben, waren selbst auf dieser Schule oder auf andere Weise mit ihr verbunden. Man kann geradezu von einem besonderen Muster sprechen, nach dem in anderen Ländern Heimvolkshochschulen gegründet wurden, nämlich durch eine charismatisch entflammte Seele, die von Grundtvig und den Heimvolkshochschulen gehört hatte und sich danach eine Weile in Dänemark aufgehalten hat, z. B. an der Internationalen Heimvolkshochschule in Helsingør. Danach ist der Betreffende nach Hause gefahren und hat im eigenen lokalen Umfeld damit begonnen, eine Schule zu etablieren.

Mit der Zeit haben immer mehr dänische Heimvolkshochschulen Kurse für Ausländer angeboten oder Profile entwickelt, Fächer und besondere Kurse, die für Schüler in der ganzen Welt attraktiv waren. Darüber hinaus haben einige Schulen Besuchsvereinbarungen mit anderen Heimvolkshochschulen in der Welt getroffen, um über politische oder soziale Themen zu sprechen, über kulturelle Verschiedenheiten, oder um gemeinsam zu singen und Gymnastik zu betreiben.

Aufklärung und Mündigkeit

Die Entwicklung der Heimvolkshochschulen außerhalb Dänemarks verläuft oft sehr unterschiedlich. An einigen Orten sind die Schulen in Tagesschulen umgewandelt worden, wo die Schüler den ganzen oder nur einen Teil des Tages verbringen. Anderswo musste man aus verschiedenen lokalen Bedürfnissen Grundtvigs Traum von einer examensfreien Schule aufgeben, an der die Schulen in Dänemark festhielten.

In Ländern wie Nigeria, Ghana, Nepal, Indien, Bangladesch und den Philippinen haben Grundtvigs Ideen über Unterrichtsformen für bildungsferne Bevölkerungsgruppen eine große Rolle in der

Schüler an dem Grundtvig-Institut in Nigeria. Die Schule wurde von Kachi E. Ozumba (1942–2011) gegründet und stand seit Beginn der 1990er in enger Zusammenarbeit mit dem Verein für Heimvolkshochschulen in Dänemark. Die Schule war für viele junge Nigerianer von großer Bedeutung und eine Chance, sich eine erträgliche Existenz zu schaffen. Es handelt sich um eine Fachschule mit Abschlussprüfungen. Alles andere hätte beispielsweise für Jugendliche, die aus dem Unterrichtssystem gefallen waren, keinen Sinn. Aber es wird gleichzeitig in Bildungsfächern und Gesellschaftskunde unterrichtet. In enger Anknüpfung zu der Schule sind in den letzten Jahren zwei weitere Ausbildungsinstitutionen etabliert worden: die Grundtvig International Secondary School und Grundtvig Polytechnic.

Art der Organisation der Heimvolkshochschulen gespielt. In diesen Ländern besteht die wichtigste Aufgabe der Schulen vor allem darin, den Schülern beizubringen, wie sie sich in der Gesellschaft richtig verhalten und wie sie das Leben in einem extrem armen Umfeld meistern. Das kann durch einen Basisunterricht in Schreiben und Rechnen, durch Erlernen zweckmäßiger Anbaumethoden und neuer Methoden des Handwerks oder durch Aufklärung über Frauenrechte erfolgen.

Weiterhin hat die Praxis, den Unterricht in der lokalen Sprache der Bevölkerung, Mythologie und Geschichte durchzuführen, als großer Appell gewirkt, wenn es darum ging, neue Schüler zu gewinnen – nicht zuletzt als Alternative zu dem Anspruch der öffentlichen Schulen zur Erhaltung oder Einführung von Unterrichtsformen, die an die frühere Kolonialzeit erinnerten.

> **Schulen für das Volk in Bangladesch**
> Bangladesch ist eines der wenigen, wenn nicht das einzige Land in der muslimischen Welt, in dem Heimvolkshochschulen eingerichtet wurden, oder wie sie auf Bengali heißen: *Gonobidyalaya* (Gono bedeutet Volk und Laya Schule). Dies hängt vermutlich mit der eher toleranteren Form des Islam in Bangladesch zusammen.
>
> Die sechs existierenden Schulprojekte sind Anfang der 1980er Jahre in verschiedenen Distrikten des Landes gegründet worden, um bei der Bekämpfung des Analphabetismus und der Armut lokaler Gegebenheiten zu helfen, z. B. durch Unterweisung in Handwerk, Anbaumethoden, Fisch- und Hühnerzucht. Im Laufe der Jahre hat man versucht den Eindruck zu vermeiden, diese Schulen seien reine Produktionsstätten. Daraufhin hat man im Dialog mit den Heimvolkshochschulen in Dänemark an der grundtvigschen Aufklärung als Kern der Arbeit

Das Bild wurde aufgenommen in dem kleinen NGO Protiggya Parishad in der Nähe von Comilla in Ostbangladesch, das unter der Leitung der von Grundtvig geprägten Mrs. Mabud Fatema Kabir 1988 begonnen wurde. Dort werden unterschiedliche Kurse angeboten, auch speziell für Frauen. Viele tausend Schüler waren auf die eine oder andere Weise mit der Organisation verbunden. Von Anfang an gab es Probleme, die Schüler in dem Zentrum wohnen zu lassen und man kam überein, dass es einfacher wäre, wenn die Lehrer in die Dörfer fahren würden. Heute gibt es 10 Lehrer für den Unterricht in 25 Dörfern mit immer noch enger Verbindung zum Verein der Heimvolkshochschulen in Dänemark.

> festgehalten: an der Erziehung der Schüler zu gesellschaftsbewussten Bürgern, die in der Lage sind, nach dem Schulabschluss ihren Beitrag für die Gesellschaft zu leisten. Die Schulen wurde von öffentlicher dänischer Entwicklungshilfe 1981–2008 unterstützt.

Grundtvig als Gegenkultur

In Japan, Südkorea, China, den USA, Kanada, Ungarn, Deutschland, Polen und den baltischen Ländern wurde Grundtvig als Gegenkultur genutzt, gegen politische Unterdrückung, starre Unterrichtsformen und von Konkurrenz geprägte Schulsysteme. Das oft recht idyllische Bild von der Bedeutung Grundtvigs in Dänemark war in einigen dieser Länder ein tragendes Element für seine Wirkung.

Zum Beispiel können hier verschiedene Bewegungsrichtungen in der kanadischen Erwachsenenbildung genannt werden, die seit den 1990er Jahren von Grundtvig und der Entwicklung der Heimvolkshochschul- und genossenschaftlichen Bewegung in Dänemark beeinflusst waren. In der Zeit zwischen den beiden Weltkriegen wurde im klaren Bewusstsein der Bedeutung Grundtvigs für Dänemark eine Reihe von Schulen und Zentren errichtet, in denen kürzere Kurse für Fischer und Bauern im Hinblick auf lokale Gegebenheiten abgehalten wurden. Das war für kooperative Unternehmen in Kanada von entscheidender Bedeutung und in ähnlicher Weise z. B. auch für Japan und Südkorea.

Auch die Gründung der privaten Tokai-Universität in Japan 1946 durch den berühmten Ingenieur Shigeyoshi Matsumae (1901–1991) sollte hier erwähnt werden. Seine Initiative ging auf eine starke Beeinflussung durch Grundtvigs Gedanken über den freien lebendigen Unterricht zurück, ein Gedanke der zum Ziel der Universität gemacht wurde und für viele Studenten einen neuen Zugang zu Leben und Unterricht im Japan der Nachkriegszeit bedeutete.

> **Grundtvig in Südkorea**
> In den letzten Jahren ist das Interesse an Grundtvig und den grundtvigschen Schulformen in Südkorea gestiegen. Schon in den Jahren nach Koreas Teilung 1953 wurden einige Bücher über Grundtvig und Dänemark publiziert, ebenso entstanden eine Reihe von Landwirtschaftsschulen und Handelsbeziehungen nach dänischem Vorbild. Das aktuell neu aufkommende Interesse an Grundtvig ist nicht zuletzt dem umstrittenen Medienfachmann Oh Yeonho geschuldet. Ausgehend von dem UN-Ranking, das Dänemark als das „glücklichste Land der Welt" einstuft und aufgrund von 300 Interviews mit Dänen, gab er 2014 den Bestseller *Can we be happy too?* heraus. Eine Hauptpointe des Buches ist die Feststellung, dass Grundtvigs Gedanken über die Schule fürs Leben zu einem besonderen dänischen Gefühl von Geborgenheit und Bedeutsamkeit führte. In einem Schulsystem, in dem Konkurrenz und äußerlicher Erfolg einen Ehrenplatz einnehmen und in dem die Selbstmordraten unter jungen Menschen sehr hoch sind, präsentieren Grundtvigs Ideen eine attraktive Alternative, meint Oh Yeonho. Dies hat einstweilen zur Errichtung der Ggumtle Nachschule 2016 beigetragen. Es bestehen zudem Pläne für die Errichtung einer Heimvolkshochschule.

Grundtvig und Deutschland

In der zweiten Hälfte des neunzehnten Jahrhunderts gab es in Deutschland sowohl unter Theologen als auch im Bildungswesen eine gewisse Zurückhaltung gegenüber Grundtvig. Einer der Hauptgründe dafür war das allgemeine Misstrauen zwischen den

Ländern, das durch die Kriege von 1848–51 und 1864 ausgelöst worden war. Darüber hinaus sahen viele der ersten grundtvigschen Hochschulen, die in dieser Zeit in Dänemark gegründet wurden, die Stärkung der nationalen Identität und die Bekämpfung der deutschen Sprache und Kultur als ihre Hauptaufgabe an. Natürlich stießen Grundtvigs Ideen aufgrund seiner vielen harschen Äußerungen über alles Deutsche südlich der Grenze nicht auf Begeisterung.

Die Ressentiments hielten jedoch nicht lange an. Nach der Reichsgründung Deutschlands 1871 und insbesondere in den 1890er Jahren bis zur Entstehung der Weimarer Republik 1918 wuchs das Interesse an den dänischen Volkshochschulen und ihrer Bedeutung für die Entwicklung der Landwirtschaft in Dänemark.

Unmittelbar nach der Jahrhundertwende erschienen mehrere Bücher über die dänischen Volkshochschulen, darunter im Jahre 1909 ein Buch des Landwirtschaftsexperten Anton Heinrich Hollmanns (1876–1936), der Generalkonsul in Dänemark war und später Professor in Berlin wurde. Sein Buch hieß *Die dänische Volkshochschule und ihre Bedeutung für die Entwicklung einer völkischen Kultur in Dänemark*. Das Buch, das die Volkshochschulen als Grundlage der Volksdemokratie in Dänemark verstand, hatte einen großen Einfluss auf die deutsche Erwachsenenbildung und das Bild der Volkshochschule nicht nur in Deutschland, sondern auch in mehreren anderen Ländern, da es nach und nach in viele Sprachen übersetzt wurde.

Unter mehreren deutschen Pädagogen entstand die Idee, dass die Grundtvigschen Volkshochschulen dazu beitragen könnten, sowohl soziale Probleme vor allem auf dem Lande zu lösen als auch die Landwirtschaft zu stärken, indem sie das Bildungs- und Politikbewusstsein der Bauern schärfen würden – ein Anliegen, das seither im Mittelpunkt der deutschen Volkshochschultradition steht.

In den ersten volkshochschulähnlichen Einrichtungen, welche kurz nach der Jahrhundertwende in Schleswig-Holstein in Tingleff (1905), Albersdorf (1906), Mohrkirch-Osterholz (1907) und Norburg (1911) entstanden, scheute man noch davor zurück, den Namen Grundtvig zu erwähnen. Nichtsdestotrotz deuten verschiedene Elemente in Lehrplänen und der Pädagogik darauf hin, dass besonders die Schulen in Holstein in mehrfacher Hinsicht von der dänischen Grundtvigtradition inspiriert waren.

Der Traum von Demokratiebildung
Zur Weimarer Zeit war die deutsche Bildung unter dem Volke durch die so genannte Neue Richtung geprägt, die im Gegensatz zu älteren, autoritäreren Traditionen nach dem Zusammenbruch des Weltkrieges die Arbeit der Hand und des Geistes in demokratisch gesinnten und menschlichen Gemeinschaften zu vereinen suchte. Eine zentrale Figur war Adolf Reichwein (1898–1944), dessen Werk durch die zweite Auflage von Hollmanns Buch aus 1919 inspiriert wurde, welches nun unter dem Titel *Die Volkshochschule und die geistigen Grundlagen der Demokratie* erschien. Adolf Reichwein wurde später als Gegner der nationalsozialistischen Diktatur hingerichtet.

Unter der Schirmherrschaft der Neuen Richtung wurde der dänische Schriftsteller Martin Andersen Nexø (1869–1954), der von 1923–30 in Deutschland lebte, zu einem wichtigen Verbreiter der Grundtvigschen Volkshochschulideen. Andersen Nexø schloss sich nach dem Ersten Weltkrieg dem Kommunismus an, verließ aber nie seine Wurzeln in der grundtvigianischen Volkshochschulwelt.

Nennenswert ist auch der einflussreiche deutsch-schleswigsche Politiker Johannes Tiedje (1879–1946), der 1927 eine zweibändige Übersetzung von wichtigen Volkshochschulschriften Grundtvigs ausarbeitete und welcher der Meinung war, dass Grundtvigs Verständnis von Volkstum in Deutschland Fuß fassen könnte und sollte. Eine Zeitlang war er auch von Grundtvigs Ideen zu Minderheitenrechten inspiriert.

Während der Weimarer Republik wuchs die Anzahl sog. Landvolksschulheime zu über 50, hierunter protestantische, katholische, sozialistische, volksverbundene und nationale. Programme, Kurslänge, Lehrpläne und Schülerzusammensetzung variierten sehr. Einige Kurse waren für Menschen aus der Landwirtschaft, andere für Arbeiter oder Arbeitslose. Gemeinsam für alle Initiativen war jedoch die Ausbildung der Menschen zu Lebenstauglichkeit und Gesellschaftsengagement.

Grundtvig als Hitler
Grundtvigs ideen waren von Anfang an mit der Idee des Volkes verbunden, aber im Nationalsozialismus (1933–1945) wurden mehrere Versuche unternommen, Grundtvigs Ideen zum Volke mit der Idee von „Blut und Boden" und der Rassenideologie zu vereinen – ein Manöver, das seither in Deutschland einen verständlichen Vorbehalt gegenüber Grundtvigs Ideen hervorgerufen hat. In den 30'er Jahren verglichen einige sogar Grundtvig mit Hitler. Viele Heimvolkshochschulen wurden nach 1933 geschlossen. Es ist unklar, wie viele weiterhin existierten, aber wenn sie überlebten, wurden sie wie alle anderen solcher Einrichtungen dem nationalsozialistischen Gedankengut einverleibt.

 Mit kräftigem Arme greift er in das Rad der Geschichte und rettet die dänische, die nordische Kultur vor dem Untergang, so wie Hitler der Retter der deutschen und damit zugleich der germanischen Kultur wird.[88]

---

88 Kosmehl, K. 1933, „Grundtvig, sein Leben und seine Bedeutung! Rede anläßlich der Eröffnungsfeier des Lehrjahres 1933/34 der Volkshochschule Groß-Berlin im Marmorsaal des Zoo am 14. Gilbhart 1933", *Die Völkische Schule,* 11 (1933), S. 313.

Die Gründung der modernen Heimvolkshochschule
Nach dem Krieg tauchte die Volkshochschulbewegung nur in der Bundesrepublik und fast ohne Bezug zur Vergangenheit wieder auf. Diejenigen, die sich zur Weimarer Zeit für die Ideen Grundtvigs interessierten, waren nicht mehr da. Die neuen Volkshochschulen, die vor allem gegen Mitte der 1950er Jahre entstanden, wurden größtenteils unter der Schirmherrschaft verschiedener Organisationen, berufsständische und kirchliche, im ländlichen Deutschland gegründet.

Wie immer gab es ein gewisses Interesse an den theologischen Gedanken Grundtvigs, vor allem im dänisch-deutschen Grenzland. Ein Beispiel ist die Dissertation von Pastor Gregor Steffen aus dem Jahr 1948, Hamburg (N. F. S. Grundtvigs Verständnis des Christentums), aber vor allem im Volkshochschulbereich haben seine Gedanken Wirkung gehabt.

Nach verschiedenen Anläufen wurde 1951 der Verband Ländlicher Heimvolkshochschulen (heute: Der Verband der Bildungszentren im ländlichen Raum e. V.) gegründet. Es ist umstritten, wie grundtvigsch diese Schulen waren. Ab den 1960er Jahren mussten sich die Heimvolkshochschulen am formalen Bildungssystem orientieren, wobei der Schwerpunkt stärker auf Ausbildung als auf Bildung lag. Eine Entwicklung, die Hand in Hand mit dem Wachstum der westdeutschen Wirtschaft ging.

Je nach regionalen Traditionen und Möglichkeiten starteten viele Heimvolkshochschulen mit den traditionellen langen Kursen. Zudem spielten über Jahrzehnte auch das Nachholen von Schulabschlüssen und spezielle Qualifizierungskurse für den ländlichen Raum eine erhebliche Rolle.

Regional waren im Bereich der politischen Bildung besondere Angebote möglich. So konnten die Bildungsstätten, die entlang der ehemaligen innerdeutschen Grenze lokalisiert waren, mit deutschlandpolitischen Seminaren viele Teilnehmer aus den unterschiedlichsten gesellschaftlichen Bereichen gewinnen. Diese Seminare konnten in den 80er Jahren auch oft mit ein- oder mehrtägigen Informationsfahrten in die DDR verbunden werden.

So konnte z. B. die Heimvolkshochschule in Barendorf (Lüneburger Heide) 1985 nicht weniger als 52 Studienfahrten in die DDR organisieren. Aus den jetzt zugänglichen Stasi-Akten kann man entnehmen, dass gerade diese Heimvolkshochschule aus der Sicht des Staatssicherheitsdienstes der DDR als „Feindobjekt" eingestuft worden war.

Ein weiterer Verband, der heute noch existiert, ist der Niedersächsische Landesverband der Heimvolkshochschulen. Dieser Verband entstand im Zuge des Wiederaufbaus der niedersächsischen Volkshochschulen, der 1945 mit Genehmigung der britischen Militärregierung im Rahmen des Nachkriegsprogramms „Reeducation" begann. Ziel war es, der Jugend auf dem Lande mehr Bildung zu vermitteln, insbesondere Allgemeinbildung, demokratische Bildung und Fähigkeiten zur aktiven Teilnahme am öffentlichen Leben.

Nach verschiedenen losen Zusammenschlüssen wurde 1961 der Verein gegründet. Auch hier kämpfte man darum, die grundtvigschen Bildungsideale vollumfänglich aufrechtzuerhalten, da eine kränkelnde Wirtschaft sie oft dazu zwang, sich als Wirtschafts- und Landwirtschaftsorganisationen nützlich zu machen.

Dennoch war Niedersachsen das erste Bundesland, das 1970 ein Gesetz zur Förderung der Erwachsenenbildung verabschiedete. Neben der finanziellen Unterstützung durch den Staat wurde das Recht auf freie Wahl der Dozenten und des Personals sowie die Bildungsfreiheit im Gesetz verankert. Nach und nach wurde die Teilnahme an Kursen auch für bildungsferne Bevölkerungsgruppen möglich. Heute sind Bildungsurlaubskurse ein fester Bestandteil des Programms der Heimvolkshochschulen in Niedersachsen geworden.

Die einzelnen Bildungszentren haben sehr unterschiedliche Profile. Es gibt Kurz- und Langzeitkurse sowie Seminare, die von allgemeiner Bildung über Sprachkurse für Flüchtlinge bis hin zu Konferenzen für spezielle Zielgruppen reichen. Das gemeinsame und wahrscheinlich am meisten grundtvigsche Merkmal ist die Aufmerksamkeit für das Gemeinwohl und die demokratische Gemeinschaft sowie die Konzentration auf die Bildung der einzelnen Teilnehmer.

Nach 1989
Nach dem Fall der Berliner Mauer wurden in der ehemaligen DDR eine Reihe neuer Schulen gegründet, insbesondere in Zusammenarbeit mit dem Verband der Bildungszentren im ländlichen Raum e.V.

Die Schulen wurden im Zuge der Demokratisierung nach der SED-Diktatur oft mit Unterstützung aus Dänemark als Möglichkeit gegründet, demokratische Gedanken und Entwürfe zu fördern.

Die Heimvolkshochschule am Seddiner See
Das eine Autostunde südwestlich von Berlin gelegene Bildungshaus wurde 1993 nach dem Mauerfall in einer ehemaligen NVA Kaserne gegründet – mit der klaren Absicht, demokratische Bildung zu fördern. Maßgeblich beteiligt an der Gründung dieser Bildungsstätte war damals eine junge Familienministerin namens Angela Merkel. Heute ist das Haus eine staatlich anerkannte Bildungseinrichtung des Landes Brandenburg.

Angela Merkel zu Besuch in der Heimvolkshochschule am Seddiner See
© HVHS am Seddiner See, i. A. Ulrich Wessollek.

Auf der Webseite wird der Zweck der Schule wie folgt definiert: „Die Begegnung mit anderen und das gemeinsame Lernen und Erleben sind zentrale Aspekte Ihres Aufenthaltes bei uns. Denn in der Gruppe lernt man nicht nur besser und schneller, man lernt auch, mit Toleranz Verantwortung für sich und die Gruppe zu übernehmen. Das stärkt die Fähigkeiten jedes Einzelnen zur aktiven, gemeinschaftsorientierten Mitwirkung in der Nachbarschaft, im Dorf, in der Gemeinde und im Verein – wesentliche Voraussetzungen für das politische, kulturelle und gesellschaftliche Leben, gerade im ländlichen Raum."
Die insgesamt 46 Mitgliedseinrichtungen des VBLRs sind alle selbständig und lassen sich in drei Gruppen einteilen: katholisch, evangelisch und berufsbildend. Bei den beruflichen Heimvolkshochschulen handelt es sich überwiegend um Schulen in der Trägerschaft der Landwirtschaft, d. h. der Landesverbände des Deutschen Bauernverbandes.

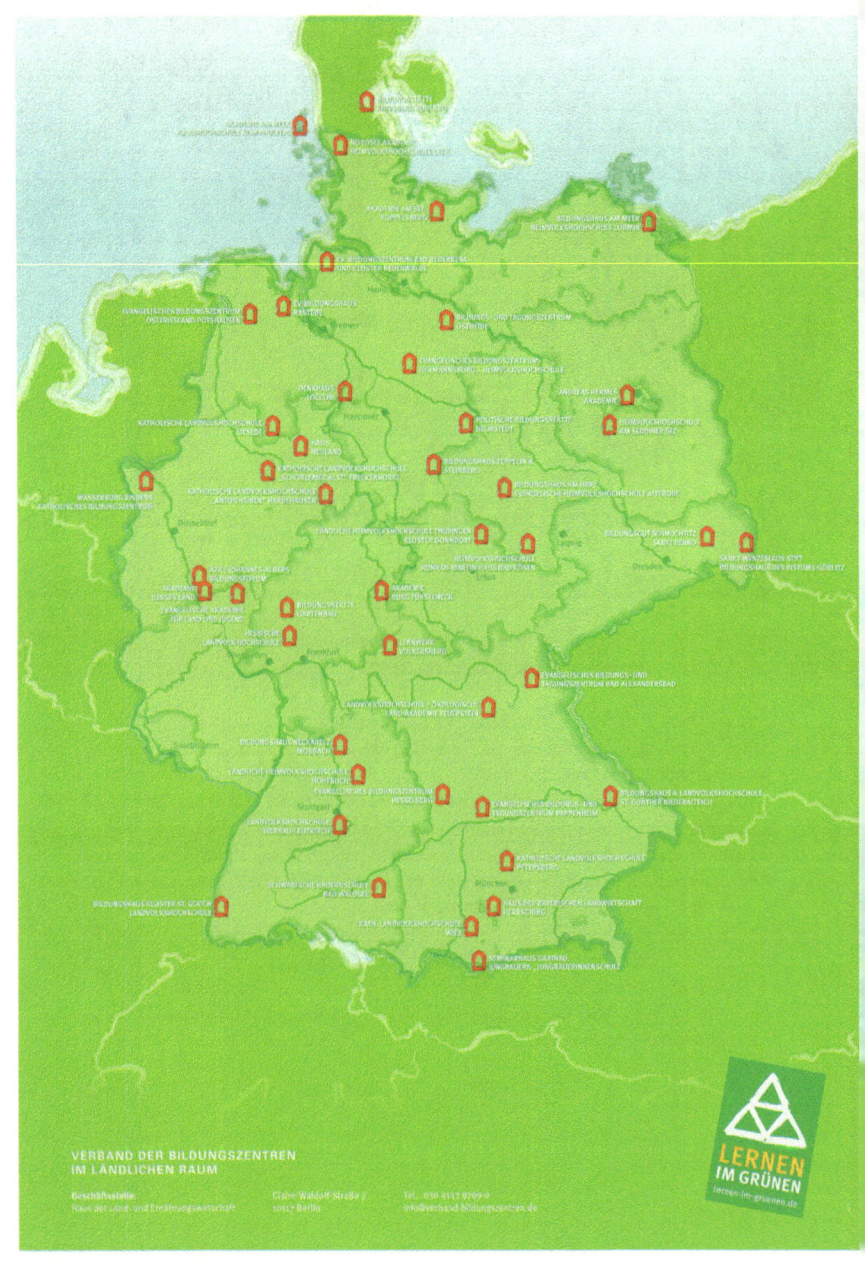

Die Karte zeigt, wie sich die Heimvolkshochschulen, die derzeit dem VBLR angeschlossen sind, über Deutschland verteilen.

All dies bedeutet, dass, während sich die Heimvolkshochschulen in Dänemark von ihren landwirtschaftlichen Ursprüngen entfernt haben und sich zu allgemeinen Bildungszentren für Philosophie, Literatur, Theater, Musik, Kunst und Sport entwickelt haben, ihre deutschen Entsprechungen als Einrichtungen für lebenslanges Lernen mit insbesondere Kursen für Landwirte etabliert haben. Sowohl kurze als auch längere Kurse werden angeboten.

Konkret besteht die Hauptleistung der Häuser darin, jungen Landwirten Agrarpolitik, Geschichte, Ästhetik, Kultur und vor allem politische Bildung zu vermitteln. Oft in Bezug zu ihrem Arbeitsbereich. Das Ziel ist es, die einzelnen Teilnehmer für ihre Verantwortung in der Gesellschaft zu sensibilisieren, ein Gedanke, der sich gut mit einigen der ursprünglichen Ideen von Grundtvig zur Volkshochschule deckt.

Die Mitgliedshäuser des VBLR arbeiten seit einigen Jahren im Rahmen der politischen Jugendbildung zudem auch mit Programmen zur Extremismusprävention. Ziel dieser Arbeit ist es, radikale und antidemokratische Bewegungen und Tendenzen zu unterbinden, die sich in zumeist strukturschwachen Kleinstädten und Dörfern auf dem Lande breitzumachen drohen. Es werden Maßnahmen und Fortbildungen entwickelt und angeboten, welche politische Moderation, Teilhabe und Gesellschaftsfähigkeit fördern und Gefühle des Abgehängtseins bekämpfen sollen.

Grundtvig in Polen

Die Ideen der Hochschule von Grundtvig kamen in der zweiten Hälfte des 19. Jahrhunderts auch nach Polen, als das Land noch zwischen Russland, Preußen und Österreich aufgeteilt war, wie es seit 1795 der Fall gewesen war. An mehreren Fronten kämpfte die polnische Unabhängigkeitsbewegung für ihre Unabhängigkeit, unter anderem durch die Einführung einer Pädagogik der bürgerlichen Bildung, die sich auf die Ideen der Hochschule von Grundtvig stützte, die in unterschiedlichen Zeitschriften vorgestellt wurden.

Der erste direkte Versuch, von Grundtvig inspirierte Heimvolkshochschulen in Polen zu gründen, geht auf das Jahr 1900 zurück, als in Pszczelin ein 11-monatiger praktischer Kurs in Bienenzucht und Gartenbau organisiert wurde, der jedoch soziale, kulturelle und patriotische Inhalte in die Lehrpläne aufnahm. Mit dem Ausbruch des Ersten Weltkriegs 1914 entstanden eine Reihe ähnlicher Initiativen.

Eine deutliche Wende kam nach dem Krieg, als Polen nach 123 Jahren 1918 die Unabhängigkeit erlangte. Auf Initiative des katholischen Priesters Antoni Ludwiczak (1878–1942) wurde 1921 die erste Heimvolkshochschule in Dalki bei Poznań gegründet. Die Schule wurde vom Verband der öffentlichen Bibliotheken betrieben. Ludwiczak kannte Grundtvigs Heimvolkshochschulideen aus der polnischen und deutschsprachigen Literatur und aus einigen Besuchen in dänischen Heimvolkshochschulen. Die Schule organisierte fünfmonatige Internatskurse für junge Männer aus bäuerlichen Familien und im Sommer für Mädchen. Diese Kurse umfassten neben landwirtschaftlichen Fächern auch Geschichte, Geografie, Kultur, Kunst, Gesang, Theater und Sport. Ludwiczak hielt es auch für notwendig, Religion in das Programm aufzunehmen. Bald darauf wurden zwei weitere Einrichtungen ähnlicher Art in anderen Regionen Polens gegründet.

Eine weitere eher weltlich inspirierte Heimvolkshochschule wurde 1924 in Szyce bei Krakau auf Initiative von Eustachy Nowicki (1885–1954) gegründet, der Experte für skandinavische Heimvolkshochschulen war. Die Leitung der Einrichtung wurde Ignacy Solarz (1891–1940) anvertraut, der zusammen mit seiner Frau Zofia Solarzowa (1902–88) einen großen Einfluss auf die polnischen Heimvolkshochschulen ausübte, insbesondere als sie ab 1932 eine

Schule in den Karpaten (Podkarpacie) führten. Solarz' Arbeit an den Heimvolkshochschulen trug zweifellos dazu bei, die Identität der Landbevölkerung und ihr Verständnis für ihre eigene Bedeutung im Leben des Staates und der Nation zu stärken.

 Die wichtigste Aufgabe der ländlichen Heimvolkshochschulen war, den Menschen zu aufzuwecken. Diese Aufgabe wird auch für die Zukunft bestehen. Es geht darum, den Menschen zu einem aktiven individuellen geistigen Leben zu erwecken, nach dem Sinn seines eigenen Lebens zu suchen, ihm zu einem Verständnis des Zusammenhangs zwischen dem Leben des Einzelnen und dem Leben der menschlichen Gesellschaft zu verhelfen. Die Schulen sollen ein Gefühl für die Ähnlichkeit des Inhalts des menschlichen Lebens heute mit den Fragen des menschlichen Lebens in der Vergangenheit und in der Zukunft wecken, ein Verständnis für etwas Unveränderliches im menschlichen Leben schaffen.[89]

Ludwiczak starb während des Krieges in den Gefängnissen der Nazis, Solarz wurde von den Nazis während des Zweiten Weltkrieges umgebracht, aber dank ihnen gab es in Polen von Anfang an zwei Traditionen von Volkshochschulen, eine katholische und eine weltliche, die jeweils ihre eigenen Pioniere hatten und die Ideen von Grundtvig auf ihre eigene Weise aufgriffen und entwickelten. Bis zum Ausbruch des Zweiten Weltkriegs im Jahr 1939 wurden in Polen fast 30 Volkshochschulen gegründet.

Während des Krieges gelang es ihnen bis zu einem gewissen Grad, eine Art Untergrund-Hochschulbewegung ins Leben zu rufen, die auf verschiedene Weise durch Kurse und Literatur, versuchte, die

---

89 Ignacy Solarz 1932: Materiały z seminarium naukowego odbytego w Warszawie 5–6 X 1962 r. Wydawca: Ludowa Spółdzielnia Wydawnicza, Warszawa 1963 r. W tej książce jest artykuł Mojego profesora Ryszarda Wroczyńskiego pt: „Koncepcja Uniwersytetu Ludowego Ignacego Solarza i jej źródła", S. 76.

nationale Identität lebendig zu halten und der Germanisierung während der schwierigen Jahre standzuhalten.

Nach Kriegsende 1945 erlebten die Heimvolkshochschulen eine kurze Phase der Wiederbelebung. Einerseits waren viele der alten Volkshochschulmenschen von der Notwendigkeit überzeugt, die Volkshochschulen in der neuen politischen Realität fortzuführen. Andererseits passte der Name der Schulen, „uniwersytet ludowy" – was „Volkshochschule" bedeutet – zum Namen des neuen Staates, der Volksrepublik Polen, und zur Idee von Schulen, die die arbeitenden und bäuerlichen Klassen unterstützen sollten.

Im Herbst 1945 wurde der Verband der Heimvolkshochschulen der Republik Polen (TUL RP) gegründet, eine Organisation, die die Entwicklung der Schulen und die Ausbildung der Lehrer unterstützen sollte. Dies gab den Anstoß zur Gründung von 79 neuen Heimvolkshochschulen in den Folgejahren. Es herrschte ein weit verbreiteter Optimismus, dass die Erwachsenenbildung und die Heimvolkshochschulen zur Lösung der Nachkriegsprobleme beitragen würden.

Doch schon 1949 erkannten die Behörden, dass die Grundtvigschen Ideen nicht mit den Richtlinien der kommunistischen Regierung übereinstimmten, und der Heimvolkshochschulverband wurde aufgelöst und die Heimvolkshochschulen der Jugendabteilung der Kommunistischen Partei unterstellt. Die wenigen Heimvolkshochschulen, welche überlebten, mussten unter unfreien und kontrollierten Bedingungen existieren.

Die Solidaritätswelle von 1980/81 führte zu einer kurzen Wiederbelebung der Heimvolkshochschulbewegung, die während der gesamten 1980er Jahre für die Wiedereinführung der Heimvolkshochschulen eintrat. Eine wichtige Stimme in dieser Debatte war Zofia Solarzowa.

In der Tat hat der Umbruch von 1989 die Situation nicht wesentlich verbessert. Es wird vermutet, dass dies darauf zurückzuführen ist, dass das Wort „volkstümlich" für viele Menschen mit der Volksrepublik Polen, d. h. mit dem gestürzten kommunistischen System, verbunden war. Der Verband der Heimvolkshochschulen wurde jedoch reaktiviert und pflegte insbesondere die mit Solarz verbundenen Traditionen, und die katholischen Volkshochschulen erlebten in den 1990er Jahren eine kleine Wiederbelebung.

In der Mitte des zweiten Jahrzehnts des 21. Jahrhunderts gab es bereits mehrere funktionierende Heimvolkshochschulen. Zu den bemerkenswertesten gehörten: Radawnica Heimvolkshochschule, die Heimvolkshochschule für Kunstgewerbe in Wola Sękowa, die Kaschubische Heimvolkshochschule, Grzybów Heimvolkshochschule and die Zachodniopomorski Heimvolkshochschule. Diese begannen, über die Schaffung eines nationalen Netzwerks von Heimvolkshochschulen zu sprechen, was 2018 zur Gründung eines Verbandes mit diesem Namen führte.

Vertreter des Verbandes nahmen Verhandlungen mit der Regierung auf, welche die Unterstützung für die Entwicklung der Heimvolkshochschulen in ihr Programm aufnahm, und es wurden tatsächlich staatliche Mittel für diesen Zweck bereitgestellt. Im Jahre 2020 begann das Zehnjahresprogramm der Regierung zur Unterstützung der Entwicklung der Heimvolkshochschulen im Rahmen des Nationalen Instituts für Freiheit mit einem Budget von 100 Mio. PLN.

Dieses Programm unterstützte bestehende Heimvolkshochschulen und führte zu einem Strom von Initiativen mit diesem Namen in ganz Polen. So wurden 184 Initiativen für eine Förderung im Jahre 2023 eingereicht. Der Start des Programms hat zweifellos das Interesse an Heimvolkshochschulen erhöht, eine Reihe von Veröffentlichungen zur Einführung in das Thema hervorgebracht, Konferenzen und Seminare (z. B. im polnischen Parlament im Juni 2022) organisiert, aber es ist noch unklar, was aus dem Programm folgen wird.

Grundtvig in Indien

Eine wichtige Person, die zur Geschichte Grundtvigs in Indien gehört, ist die Missionarin Anne Marie Petersen (1878–1951). Sie hatte eine Ausbildung als Lehrerin und war in einem von Grundtvig geprägten Umfeld aufgewachsen. 1909 wurde sie als Missionarin nach Indien ausgesandt. Mit ihrem grundtvigschen Verständnis von Volksverbundenheit (folkelighed) empfand sie mit den Jahren große Sympathie für die Bewegung zur indischen Selbständigkeit und kam so in Kontakt mit deren bedeutendem Anführer Mahatma Gandhi (1869–1948), mit dem sie eine enge Freundschaft bis zu seinem Tod verband. Sie sah in Gandhis Kampf für Indien eine Parallele zu Grundtvigs Kampf für Dänemark.

Nach Indiens Unabhängigkeit spielten Grundtvigs Ideen zur Hochschule eine wichtige Rolle für die Kommission, die 1948–49 die künftigen Wege des Unterrichtswesens planen sollte. Auf diesem Hintergrund ist eine Reihe von Initiativen zur Gründung verschiedener Schulen geboren.

Mitraniketan

Im Teilstaat Kerala in Südindien befindet sich die Schulgemeinschaft Mitraniketan, die zweifelsohne die größte grundtvigsche Initiative in ganz Indien ist. Der Name bedeutet „Treffpunkt für Freunde". Mit Mitraniketan sind über 500 Menschen verbunden, größtenteils wohnen die Betroffenen auch dort, da die Einrichtungen Kinderkrippen, Kindergärten, Vorschulen und Heimvolkshochschulen beherbergen.

Mitraniketan hatte auch viele andere Funktionen: z. B. die Armen in Landwirtschaft zu unterrichten mit dem Ziel, die Erde zweck-

Mitraniketan wurde von Sri Viswanathan (1928–2014) gegründet. Foto 2005.

mäßiger zu bestellen, dazu im Schreiben und Rechnen. Die Schule befindet sich auf einem 60 Hektar großen Regenwaldgebiet. Die Klassenräume sind in Form eines offenen Sextagons mit einem Dach gebaut und nur zu der Seite geschlossen, an der die Tafel steht. Die Schüler sitzen sozusagen draußen in der Natur. Von Anfang an war es eine wesentliche Aufgabe, die Schüler und die lokale Bevölkerung so zu unterrichten, dass sie in der Landwirtschaft arbeiten konnten, ohne nach ihrer Ausbildung aus dem ländlichen Umfeld in die Stadt umziehen zu müssen.

Die erste Idee zur Heimvolkshochschule hatte der Gründer Mitraniketans, der Ingenieur und Umweltaktivist Sri Viswanathan (1928–2014), als er in jungen Jahren Mitte der 1950er eine Studienreise durch die USA machte. Hier besuchte er die Highlander-

In Mitraniketan hängt das Portrait von Grundtvig an der Seite von Gandhi. Foto 2005.

Schule und zeigte sich tief beeindruckt von dem Zusammenhang zwischen dem Schulleben und dem Engagement für die Gesellschaft. Auf der Basis beschloss er, haargenau wie Myles Horton, – mit dem ihn eine lebenslange Freundschaft verband – 1955 nach Dänemark zu reisen. Hier verbrachte er ein ganzes Jahr und besuchte unterwegs auch andere skandinavische Länder. Mit den Jahren ist Mitraniketan zu der riesigen Institution angewachsen, wie sie heute dasteht. Von Beginn an hatte die Schule sich zur Aufgabe gemacht, arme und ausgesetzte Kinder und Erwachsene der niedrigsten Kasten oder Kastenlose zu betreuen. Viele von ihnen hätten vermutlich ohne diese zusätzliche Ausbildung nie wirkliche Mitglieder der indischen Gesellschaft werden können.

10. Grundtvig in aller Welt

Die Heimvolkshochschule selbst, Mitraniketan People's College, bietet verschiedene kürzere oder längere Kurse für junge Menschen vom Land an, damit sie wieder in die Heimat zurückkehren, um dort mehr Tragfähigkeit in den sozialen Zusammenhängen zu sichern. Das Ungewöhnliche an diesen Kursen in einem indischen Zusammenhang ist die Tatsache, dass es keine besonderen Aufnahmeprüfungen gibt und der Unterricht praxisorientiert und dialogisch gestaltet wird. Es gibt praktische Unterrichtsfächer, wie Landwirtschaft, Nähen, Schreinern, IT und Elektrikerarbeiten in Kombination mit Kursen über Mitbürgerschaft, Freiwilligkeit, Geschichte und Kulturerbe.

Versammlung in Mitraniketan. Foto 2005.

Für einige Schüler gibt es darüber hinaus Unterricht in Englisch und Mathematik und für Frauen spezielle Kurse, die ihnen helfen sollen, ihr Leben selbständig zu gestalten, wenn sie beispielsweise von ihren Männern verlassen wurden.

Auf diese Weise kann man von einer Schule sprechen, die ganz im Sinne Grundtvigs, Menschen zu selbständigen, mündigen gesellschaftstüchtigen Bürgern erzieht. Sichtbare Beweise dafür finden sich in den vielen Kooperativen, die in Kerala angesiedelt sind, durch Menschen, die mit Mitraniketan fest verbunden sind.

Grundtvig in den USA

Zunächst war die Verbreitung des Grundtvigianismus in den USA mit der dänischen Einwanderungswelle ab 1870 eng verknüpft. Vor allem war es The Danish Evangelical Lutheran Church in Amerika von 1874 und der grundtvigsche Verein Dansk Folkesamfund von1887, die mit Erfolg die Dänen sammeln konnten. Die Kirche und der Verein konnten gemeinsam eine Reihe dänischer Kolonien in Iowa, Michigan, Minnesota, Nebraska, Montana, North Dakota, Texas, Kalifornien und später auch in Kanada etablieren.

Die amerikanischen Folk Schools

Grundtvigs markanteste Bedeutung in den USA von heute sind jedoch zweifellos die amerikanischen „folk schools". Bis zu 70 Schulen ohne besondere Anbindung an dänische Einwanderer sind aktuell durch The Folk Education Association of America (gegründet 1976) registriert. Laut Angaben von Angestellten des Vereins sind allein in den letzten 15 Jahren mehr als 50 neue Schulen entstanden und weitere in Planung. Für diesen rasanten Boom hat selbst der Verein keine eindeutige Erklärung, er denkt jedoch, dass dies zum Teil das Resultat einer allgemeinen Verunsicherung in der Gesellschaft seit 2001 sein könnte. Die Heimvolkshochschulen stehen für das Suchen zurück zu „ursprünglichen Werten", zum Beispiel durch Unterricht in elementarem Handwerk, Kochgrundkursen und einer großen Aufmerksamkeit für Naturereignisse. Darüber hinaus sind die Schulen als Orte der freien und offenen Diskussion über politische Themen bekannt, was in den USA nicht immer selbstverständlich ist.

Obwohl die Homepage deutlich eine Verknüpfung mit Grundtvig und der Einflussnahme durch ihn anzeigt, ist es natürlich trotzdem unterschiedlich, inwiefern die einzelnen Schulen sich dessen bewusst sind und wie direkt der Einfluss sich ausgewirkt haben könnte. An den meisten Orten wird in praktischen Fächern unterrichtet, aber auch in Geschichte, Gemeinschaftskunde und Demokratie, die sich eng mit Grundtvigs Hauptideen zur Bildung des Menschen in seiner Beteiligung an der Gesellschaft verbinden. Ebenso wird an vielen Schulen großer Wert auf die Idee des lebendigen Wortes, des Dialogs und des examensfreien Unterrichts gelegt.

John C. Campbell Folk School

Die ersten Heimvolkshochschulen, die von Amerikanern gegründet wurden, waren direkt von Grundtvig und den Heimvolkshochschulen in Dänemark inspiriert. Eine der ältesten, die immer noch in Betrieb ist, ist die John C. Campbell Folk School in Brasstown, North Carolina.

Das Ehepaar Campbell wollte der Bevölkerung vor Ort in den südlichen Appalachen, auch als Smoky Mountains bekannt, zu besseren Ausbildungen verhelfen. Ihre Idee war es, eine Heimvolkshochschule nach dänischem Vorbild einzurichten.

Leider verstarb John C. Campbell 1919, aber nach seinem Tod reisten seine Witwe Olive Campbell (1882–1954) und ihre Freundin Marguerite Butler nach Skandinavien und studierten die Heimvolkshochschulen, bevor sie die Schule in Brasstown

> gründeten. Von der Gründung 1925 und bis heute beschäftigt
> sich die Schule vorwiegend mit Handwerk und Kunst. In den
> vielen Gebäuden auf dem weitläufigen Gelände der Schule wird
> nach dem Grundtvigschen Motto des lebendigen Worts in länge
> ren oder kürzeren Fächern wie: Kochen, Zeichnen, Garten
> arbeiten, Tanzen, Töpfern, Weben, Fotografieren, Geschichten
> erzählen, Musizieren und Schmieden unterrichtet.

Grundtvig und die Bürgerrechtsbewegung
Die berühmteste Heimvolkshochschule in der Geschichte der USA
wurde 1932 in Tennessee gegründet: die Highlander Folk School.
Es war genau diese Schule und eben dieser Einfluss, der als Grund
diente, dass Präsident Barack Obama während eines Meetings im
Mai 2016 mit Vertretern der Nordischen Länder zur Verblüffung
vieler plötzlich den Namen Grundtvigs nannte, als eine Person aus
dem Norden mit einer wichtigen Bedeutung für die USA.

Das entscheidende Schicksal in der Geschichte der Schule war der
Stifter und langjährige Leiter, Pädagoge und Bürgerrechtler Myles
Horton (1905–1990). Horton entstammte einer armen Familie im
Südstaat Tennessee, wo er 1905 geboren wurde. Diese schlichten
Verhältnisse schafften eine lebenslange Sympathie für die Arbeiterklasse und eine sehr kritische Haltung zu dem großen Einkommensgefälle in der amerikanischen Gesellschaft. Außerdem war
ihm schon als junger Mensch aufgefallen, dass etwas mit der Rassentrennung total schief lief. Mit der Zeit wurde ihm klar, dass die
großen gesellschaftlichen Probleme an dem Mangel an Ausbildung
lagen, aber es fehlte ihm an einer Idee zu einer Schulreform, die darauf eine Antwort hätte geben können.

Während seines Studiums in Chicago traf er 1930 zwei dänische
Pastoren, Enok Mortensen (1902–1984) und Aage Møller (1885–
1973), die beide Verbindungen zu den dänischen Gemeinden und

dänischen Heimvolkshochschulen in den USA hatten. Sie überzeugten ihn davon, dass diese Heimvolkshochschulen die Antwort auf sein Suchen sein müssten und dass er eine Reise nach Dänemark unternehmen sollte.

Im Herbst 1931 reiste er nach Dänemark und besuchte viele Heimvolkshochschulen. In seiner Selbstbiographie erzählt er, dass er nun begonnen habe über Grundtvig zu arbeiten und dieser zu seinem großen Vorbild geworden sei.

 Ich betrachtete ihn als einen Aufrührer mit prophetischen Einsichten; einen Erzähler und eine Inspirationsquelle für die Armen und jene ohne Stimme.⁹⁰

Besonders die Arbeiterhochschule in Esbjerg und Die Internationale Heimvolkshochschule in Helsingør machten großen Eindruck auf ihn. Horton fuhr nach Hause mit dem klaren Vorsatz, eine Heimvolkshochschule einzurichten, die den armen Südstaaten helfen könnte. Es gelang ihm tatsächlich auch ziemlich schnell, sowohl Finanzierung wie auch Mitstreiter zu finden. Man mietete ein großes Haus in einer armen Gegend in Tennessee und gab der Schule den Namen der lokalen Bergbevölkerung, die im Volksmund „Die Highlander" genannt werden.

In den ersten Jahren, in denen die Verbindung zur Arbeiterbewegung eng war, wurden Kurse für Landwirte und Arbeiter in den Kohleminen angeboten. Ganz im Sinne Grundtvigs legte man Wert auf den examensfreien Unterricht in Fächern wie Geschichte, Ökonomie und Rhetorik.

Nach dem zweiten Weltkrieg wurde das Problem der Rassentrennung zur Hauptsache.

---

90 Myles Horton, *The Long Haul – An Autobiography,* New York/London, Teachers College Press 1998, S. 52.

Ein Plakat zur Warnung in Selma, Alabama. Das berühmte Bild von 1957, das erstmalig von der Georgia Commission on Education gedruckt wurde, zeigt Martin Luther King auf einem Meeting in der Highlander-Schule. Der Vierte von rechts ist Myles Horton, die Sechste Rosa Parks.

In den 1960er waren Highlander z. B. Mitorganisatoren der sogenannten sit-in-strikes, Proteste bei denen Schwarze gegen Rassismus demonstrierten und sich in Gaststätten für Weiße setzten und auf Bedienung warteten, die sie nicht bekamen – häufig bis die Polizei erschien. Vorbild für diesen passiven Widerstand war Rosa Parks (1913–2005), die schwarze Frau, die 1955 durch ihre Verhaftung berühmt und zum entscheidenden Symbol der Bürgerrechtsbewegung wurde, weil sie sich geweigert hatte, einem weißen Passagier im Bus den Platz frei zu geben. Zu dem Zeitpunkt war Parks schon auf der Highlander Folk School, die in den 1950er und 1960er Jahren ein wichtiger Ort für die leitenden Gestalten der Bürgerrechtsbewegung war, darunter auch Martin Luther King, und einen sicheren Platz für Versammlungen bot.

Gegner der Schule wünschten mehr und mehr ihre Schließung, darunter Fürsprecher der Rassentrennung und verschreckte Kommunistengegner (die sogenannten McCarthyisten).

Nach verschiedenen Untersuchungen und Rechtsverfahren beschlossen die Beamten aus Tennessee, die Unterrichtsgenehmigung für die Highlander-Schule aufzuheben und die Schule 1962 zu schließen. Dieser Beschluss war jedoch umstritten und unhaltbar und es gelang sehr bald, eine neue Zulassung zu beschaffen. Schon ein Jahr später wurde die Schule als Highlander Research and Education Center wiedereröffnet – diesmal zuerst in Knoxville und seit 1970 etwas ländlicher gelegen in New Market, Tennessee, wo es sie heute noch gibt.

In den letzten Jahren hat die Highlander-Schule sich von der Rassenpolitik etwas wegbewegt und sich in höherem Maße auf Emigration, Ausbildung, Demokratie, ökonomische und umweltbezogene Fragen, sowie lokale Problemstellungen konzentriert.

Der Hass der frühen Jahre ist doch immer noch lebendig, vielmals wurden in den letzten Jahren die Konflikte durch rechtsextreme Gruppen befeuert.

Der globale und universelle Grundtvig

Grundtvig ist der Inbegriff des Dänischen, von dem oft gesagt wurde: Er war Däne durch und durch. Außerdem gibt es die immer wiederkehrende Behauptung, dass Grundtvig nicht zu übersetzen oder im Ausland zu vermitteln sei. Erstens seien seine Texte zu unverständlich und zu kompliziert, um übersetzt zu werden, zweitens sei seine Gedankenwelt so speziell mit Dänemark und allem Dänischen verknüpft, dass sie außerhalb der Landesgrenzen nicht zu verstehen ist. Genau deswegen sei Grundtvig nicht weltbekannt geworden, wie seine beiden Zeitgenossen, der

Märchenautor H. C. Andersen und der Philosoph Søren Kierkegaard.

Wenn auch einiges Wahres in diesen Behauptungen steckt, ist dieses Bild von Grundtvig unzureichend, wenn man den Einfluss seiner Ideen in der Welt betrachtet. Im Gegensatz zu Kierkegaard und Andersen war Grundtvig vorerst Symbol und Befreier – Gegenstand von Lektüre und Studien war er weniger. Der wichtigste gemeinsame Zug in dieser Hinsicht war ebenso wie in Dänemark der Kampf um verschiedene Formen von Freiheit, Volksherrschaft, Mündigkeit, Bildung, Errichtung von Schulen und Handelsorganisationen, sowie das Recht zur Ausübung der lokalen Kultur und Sprache, und der Widerstand gegen Machtmissbrauch und unzweckmäßig autoritäre Schulformen. Ebenso ist sein Verständnis des Christentums an den wenigen Stellen, an denen er andere inspiriert hatte, z. B. kirchliche Umfelder in den USA, als Warnzeichen gegen den Konservatismus und bestimmte Formen der Bibelauffassung benutzt worden.

Es mag überraschend wirken, dass Grundtvigs Ideen in anderen Teilen der Welt Interesse weckten und es immer noch tun. Wir sind in vielerlei Hinsicht weit entfernt von der Zeit und Gesellschaft, in der Grundtvig seine Ideen über die Schule und das Leben formuliert hat, und die ersten Heimvolkshochschulen wurden in einem ganz anderen gesellschaftlichen Kontext gegründet. Oft sind es alte, beinahe klischeeartige Slogans wie „Schule fürs Leben", „Zuerst einmal Mensch" und das „Lebendige Wort", die als Referenz auf Grundtvig verweisen. Aber in mitten dieses Ganzen sieht man, wie universell Grundtvigs Gedanken doch waren. Er war ein christlicher Denker. Aber sein besonderes Verständnis des Christentums enthielt einen tiefen und universellen Respekt vor dem ganz Elementaren im Leben des Menschen und vor dem Phänomen, das es zum Funktionieren bringt: Freiheit, Liebe, Erziehung zur Mündigkeit und Anerkennung. Selbst seine Vorstellungen über das Dänentum, wo er das speziell Dänische auf nahezu extreme Weise auf die Spitze treibt, haben zu guter Letzt auch im Kern diese universelle Absicht. Gerade hier findet sich vermutlich die wesentliche Ursache dafür, dass fast zweihundert Jahre später seine schlagkräftigen Worte ein Echo erzeugen und Menschen, die weit entfernt leben, einen neuen Sinn vermitteln.

Wie der frühere in Gefangenschaft gesetzte Organisator der Heimvolkshochschulbewegung auf den Philippinen Edicio dela Torre (1943–), einer derer, die Grundtvig politisch, theologisch und pädagogisch in seinem Kampf gegen Unterdrückung und Diktatur als Sprachrohr benutzt hat, feststellte, treffen die Sätze von Grundtvig etwas ganz fundamental Menschliches, das es überall auf der Welt gibt.

 Ich weiß nicht genau, was Grundtvig meinte [mit Ausbildung fürs Leben], aber in meinem Fall hatte diese Aussage zur Folge, dass ich mich in weitere Überlegungen vertiefte. Warum nur eine Ausbildung fürs Leben? Warum nicht eine Ausbildung des Lebens? Ich hatte andere Wurzeln, kam aus einer anderen Kultur, fühlte aber trotzdem, dass ich einen Orientierungsrahmen bekommen hatte. Den Namen Grundtvigs hatte ich schon in anderen Situationen gehört. Ich stieß auf seine Gedanken, ohne zu dem Zeitpunkt für sie wach gewesen zu sein. Jetzt provozierten mich Grundtvigs Gedanken, weil ich sie überall sehen konnte. Etwas Universelles musste in ihnen liegen.[91]

---

91 Edicio dela Torre, 1993. Interview mit Lilian Zøllner, *Grundtvig-Studier* 1994, S. 208–209.

Danksagung

Zuallererst möchte ich Krista und Hermann Deuser für ihre harte Arbeit an der Übersetzung dieses Buches danken. Ich bin auch Peter Buhrmann für seine umfassende Beratung zu dieser deutschen Ausgabe zu Dank verpflichtet. Mein besonderer Dank gilt Ewa Smuk Stratenwerth für ihre Hilfe bei der Bearbeitung des Abschnitts über Polen. Ingrid Ank danke ich für ihre Mitarbeit bei der Erstellung dieser und anderer Übersetzungen, sowie Izaak de Hulster von Vandenhoeck & Ruprecht für seine Unterstützung. Kim Arne Pedersen leistete ebenfalls unverzichtbare Hilfe bei der Erstellung des Buches.

Für Ratschläge, Informationen und sonstige Hilfe an anderen Stellen des Prozesses möchte ich mich bei den folgenden Personen herzlich bedanken: Bernd Käpplinger, Martin Nobelmann, Norbert Vogel, Hans-Christian Maass, Liselotte Larsen, Knud Eyvin Bugge, Tomasz Maliszewski, Niels Jørgen Cappelørn, Mark Bradshaw Busbee, Mark Mattes, Sune Auken, Gunhild Skovmand, Thorstein Balle, Sara Skovborg Mortensen, Thor West Nielsen, Joan Rask, Klaus Benthin, Linda Woodhead, Birgitte Stoklund Larsen, Henrik Bredmose Simonsen, Marlene Ringgaard Lorensen, Tine Reeh, Anne Marie Schultz-Lorentzen, Johannes Adamsen, Jutta Bojsen-Møller, Hans Henrik Hjermitslev, Marie Præstholm, Jens Peter Schjødt, Steffen Kjeldgaard-Pedersen, Michael Schelde, Kurt E. Larsen, Anne Rahbek, Jes Fabricius Møller, Lars Holm, Karin Holm, Klaus Nielsen, Jakob Holm, Kirsten M. Andersen, Joachim Juel Vædele, Poul Storgaard Mikkelsen, Bertel Haarder, Anne Bøndergaard, Heidi Kølle Andersen, Anita Koldtoft Hansen, Else Riisager, Antra Carlsen, Asoke Bhattacharya, Clay Warren, Signe Sønderby, Kirstine Schøler Hjort, Dawn J. Murphy, Edicio dela Torre, Wen Ge, Haejin Chung, Yeonho Oh, Janos Toth, Jayaram Reghu Rama Das, Joan Rask, Joy Ibsen, Jyrki Ijäs, Kachi Ozumba, Melanie Lenehan, Midori Sakaguchi Nozaki, Mitsuru

Shimizu, Naoto Koike, Søren Launbjerg, Synnøve Sakura Heggem, Tanvir Mokammel, Tomas Rosengren, Vicky Eiben, Mary Cattani, Katrine Frøkjær Baunvig.

Ich möchte auch meinen Kollegen an der Theologischen Fakultät der Universität Kopenhagen und Grundtvigsk Forum für verschiedene Formen der Unterstützung danken.

Zeittafel

Geschichte	Grundtvigs Leben	Bücher/Texte
	1783: Nikolai Frederik Severing wird am 8. September im Pfarrhaus von Udby geboren	
1788: Die Abschaffung der Leibeigenschaft 1789: Die Französische Revolution		
	1792–98: Grundtvig wohnt bei Bekannten in Thyregod und bereitet sich auf die Lateinschule vor 1798–1800: Grundtvig besucht das Gymnasium in Aarhus	
1801: Die Seeschlacht von Kopenhagen		
1802–1803: Die Vorlesungen von Heinrich Steffens finden statt	1803: Theologischer Kandidat	
	1805–1808: Hauslehrer auf dem Gut Egeløkke	1805: Tagebücher von Egeløkke
1807: Bombardement Kopenhagens	1808–1810: Gymnasiallehrer in Geschichte und Geographie am Scousboesken Institut	*1808: Wald bei Gunderslev* *1808: Mythologie des Nordens*
	1810: Demispredigt 1810: Religiöse Krise 1811–1813: Hilfspfarrer in Udby 1813: Grundtvigs Vater stirbt	*1810: Ist das Wort des Herrens aus seinem Haus verschwunden?* *1811: Der Strand bei Egeløkke*
1813: Machtverlust Napoleons **1814: Norwegen wird an Schweden abgetreten** 1815: Der Wiener Kongress	1813–1821: Schriftsteller und Debattierer in Kopenhagen	
	1816–1819: Herausgeber der Zeitschrift Dannewerk	*1816: Nachklang der Gelage nach der Schlacht bei Brunanburh*
1817: 300–jähriges Jubiläum der Reformation		*1817: Die Osterglock* *1817: Nachklang der Gelage nach der Schlacht bei Brunanburh*

260

Zeittafel

Geschichte	Grundtvigs Leben	Bücher/Texte
	1818: Grundtvig heiratet Lise Blicher (Kinder: Johan (1822–1907), Svend (1824–1883), Meta (1827–1887)	
		1820: *Weit höhere Berge*
	1821–1822: Pfarrer in Præstø	
	1822–1826: Pfarrer an der Erlöser Kirche in Kopenhagen	1824: *Das Land der Lebendigen* 1824: *Neujahrsmorgen* 1824: *Willkommen, Du liebe Engelschar*
	1825: Die unvergleichliche Entdeckung 1826: Der H. N. Clausen Fall: Injurien Urteil und Zensur seiner Schriften 1826–1839: Grundtvig ist ohne Amt. Ab 1832 wird er allerdings Pfarrer ohne Gemeinde und ohne Taufrecht und Kommunion	1825: *Gegenrede der Kirche* 1826–1827: *Über die Wahrheit des Christentums* 1827: *Über Religionsfreiheit*
1830: Die französische Julirevolution	1829–1831: Drei Reisen nach England um angelsächsische Handschriften zu studieren	1832: *Die Mythologie des Nordens* (2. Ausgabe)
1834: die beratenden Ständeversammlungen werden errichtet 1836: 300-jähriges Jubiläum der Reformation in Dänemark		1833–1856: *Handbuch der Weltgeschichte*
	1837: Grundtvig nimmt die Arbeit mit der Herausgabe des Gesangswerks für die dänische Kirche auf	
	1838: Grundtvigvortrag: *Seit Menschengedenken* 1839: Grundtvig wird Pfarrer in der Vartov Hospital Kirche	1838: *Seit Menschengedenken* 1838: *Die Schule für das Leben und die Akademie in Soer* 1839: *Königs-Hand und Volkes-Stimme* 1839: *Ist das Licht nur für den Gelehrten*

Geschichte	Grundtvigs Leben	Bücher/Texte
1842: Orla Lehmanns Rede: *Dänemark bis zur Eider*		
1844: Das Treffen auf der Skamlingsbanken 1844: Die Einweihung der Heimvolkshochschule in Rødding	1844: Grundtvig erleidet eine Depression	
1848: Nationalliberale Märzrevolutionen in Europa und in Dänemark 1848–1851: Der erste Schleswigsche Krieg 1849: Das Grundgesetz wird am 5. Juni unterzeichnet	1848–1849: Grundtvig wird Mitglied der grundgesetzgebenden Nationalversammlung 1849–1858: Mitglied des Parlaments (mit kurzen Unterbrechungen)	1848: *Der Däne* 1849: *Die Volksverbundenheit* 1849: *Rede zur Religionsfreiheit in der grundgesetzgebende Nationalversammlung* 1849: *Aussage über Arme*
1851: Christen Kolds Heimvolkshochschule in Ryslinge	1851: Lise Grundtvig stirbt im Januar 1851: Grundtvig heiratet Marie Toft im Oktober (Kind: Frederik Lange 1854–1903)	
		1853: *In vollem Glanz nun strahlt die Sonne*
	1854: Matie stirbt	
1854–1855: Søren Kierkegaards Angriff auf die Volkskirche 1855: Gesetz zur Lösung des Gemeindebandes	1856: Marielyst Heimvolkshochschule (Grundtvigsheimvolkshochschule) entsteht 1858: Grundtvig heiratet Asta Reedtz (Kind: Asta Marie 1860–1939) 1863–1872: Freundestreffen, an denen man Grundtvigs Geburtstag feierte	1857: *Rede auf Marielyst*
1864: Niederlage gegen Preußen und Verlust von Schleswig und Holstein		
1866: Grundgesetzveränderung	1866: Mitglied des Landtages 1867: Grundtvig leidet unter Geistesstörungen	
1868: Gesetz über Wahlgemeinden 1871: Deutsche Einheit		
	1872: Grundtvig stirbt	

Abbildungsverzeichnis

S. 22: C. A. Jensen/Det Kgl. Bibliotek (CC-70 Jahre nach dem Tod des Künstlers)
S. 25: C.A. Lorentzen/Gyldendals billedarkiv
S. 28: Caspar David Friedrich/Creative Commons Wikimedia
S. 31: Jens Juels maleri af Constance Leth. Privateje
S. 40: Foto: J. Kornerup/Nationalmuseet
S. 44: Det Kgl. Biblioteks billedsamling
S. 49: Constantin Hansen/Gyldendals Billedarkiv
S. 58: Lorenz Frølich/Creative Commons Wikimedia
S. 66: C. W. Eckersberg/Det Kongelige Bibliotek
S. 69: Det Kongelige Biblioteks billedsamling
S. 77: Gyldendals Billedarkiv
S. 80: Jan Rasmussen/Wikimedia Commons
S. 92: Gyldendals Billedarkiv
S. 95: Illustreret Tidende 1882–83/Gyldendals Billedarkiv
S. 101: Nationalmuseet
S. 116: F. Hendriksens Reproduktions-Atelier/Det Kgl. Biblioteks billedsamling
S. 125: Viggo Pedersen/Gyldendals Billedarkiv
S. 127: Hubertus45/Wikimedia Commons (CC BY-SA 3.0)
S. 140: C. A. Jensen/Den Hirschsprungske Samling/Creative Commons Wikimedia
S. 156: Hideko Bondesen – HYPERLINK „http://www.nordenskirker.dk/Wikipedia"
  www.nordenskirker.dk/Wikipedia Commons (CC BY-SA 2–5)
S. 160: H. W. Bissen/Statens Museum for Kunst
S. 162: Det Nationalhistoriske Museum, Frederiksborg Slot Foto: Kit Weiss/Det Nationalhistoriske Museum
S. 165: Wikimedia Common/Public domain
S. 174: Public Domain
S. 180: Carl Stenders Kunstforlag/Det Kgl. Bibliotek
S. 187: Gyldendals Billedarkiv
S. 200: Line Beck/Testrup Højskole
S. 208: Foto: Mads Grishauge, Grundtvigsk Forum
S. 212: © Ukendt fotograf/VISDA
S. 224: Jens Ravnborg
S. 228: The Grundtvig Institute, Nigeria/Facebook
S. 230: Foto: Anders Holm
S. 239: © HVHS am Seddiner See, i.A. Ulrich Wessollek
S. 240: Standortkarte der Mitgliedseinrichtungen des Verbandes der Bildungszentren im ländlichen Raum e.V.
S. 247: Foto: Lars Høbye
S. 248: Foto: Lars Høbye
S. 249: Foto: Lars Høbye
S. 254: RM Bettmann/Getty Images

Literatur

Knud Eyvin Bugge, Theodor Jørgensen und Flemming Lundgreen- Nielsen (Hg.), *N. F. S. Grundtvig: Schriften in Auswahl*, Göttingen, Vandenhoeck & Ruprecht, 2010.

Thodberg, Christian, Thyssen, Anders Pontoppidan, *N. F. S. Grundtvig. Tradition und Erneuerung. Grundtvigs Vision von Mensch, Volk, Erziehung und Kirche, und ihre Bedeutung für die Gegenwart*, Kopenhagen, Det danske selskab, 1983.

6-bändige englische Ausgabe

    1. Broadbridge. E. (trans. & ed.), co-edited by C. Warren, and U. Jonas, *The School for Life. N. F. S. Grundtvig on Education for the People*, Aarhus, Aarhus University Press 2011.

    2. Broadbridge. E., (trans. & ed.), *Living Wellsprings. The Hymns, Songs and Poems of N. F. S. Grundtvig*, Aarhus, Aarhus University Press 2015.

    3. Broadbridge. E., (trans. & ed.), *Human Comes First. The Christian Theology of N. F. S. Grundtvig*, Aarhus, Aarhus University Press 2018.

    4. Broadbridge, E., (trans. & ed.), co-edited by Ove Korsgaard, *The Common Good. N. F. S. Grundtvig as Politician and Contemporary Historian*, Aarhus, Aarhus University Press 2019.

    5. Broadbridge, E., (trans. & ed.), *The Core of Learning. N. F. S. Grundtvig's Philosophical Writings*, Aarhus, Aarhus University Press 2020.

    6. Broadbridge, E., (trans. & ed.), co-edited by Ove Korsgaard, *Denmark's Catalyst: The Life and Letters of N. F. S. Grundtvig*. Aarhus University Press, 2023.

Wichtige Zeitschriften, Handbücher und Inspirationstexte auf Dänisch

Grundtvig-Studier 1948 – (https://tidsskrift.dk/grs)

Abrahamowitz, F., *Grundtvig. Danmark til lykke. En biografi*, Kopenhagen, Høst og Søn 2003.

Auken, S., *Sagas Spejl. Mytologi, historie og kristendom hos N. F. S. Grundtvig*, Kopenhagen, Gyldendal 2005.

Auken, S. og Sunesen, C., *Ved lejlighed. Grundtvig og genrerne*, Kopenhagen, Forlaget Spring 2014.

Bjerg, S., *Gud først og sidst. Grundtvigs teologi – en læsning af Den christelige Børnelærdom*, Kopenhagen, Forlaget Anis 2002.

Broadbridge, Edward und Iversen, Hans Raun, *Grundtvig. Biografi og breve*, Aarhus, Aarhus Universitetsforlag 2023.

Bugge, K. E., *Skolen for Livet. Studier over N. F. S. Grundtvigs pædagogiske tanker*, Kopenhagen, G. E. C. Gads Forlag 1965.

Holm, A., *Grundtvig: En introduktion*, Aarhus, FILO 2018.

Holm, A., *Grundtvig – Introduktion og tekster*, Aarhus, Systime 2012.

Holm, A., *To Samtidige. Kierkegaards og Grundtvigs kritik af hinanden*, Kopenhagen, Anis 2009.

Johansen, S., *Bibliografi over N. F. S. Grundtvigs Skrifter 1–4.* Kopenhagen, Gyldendal 1948.

Korsgaard, O., *Grundtvig Rundt. En guide,* Kopenhagen, Gyldendal 2018.

Lundgreen-Nielsen, F., *Det handlende ord. N. F. S. Grundtvigs digtning, litteraturkritik og poetik 1798–1819,* Kopenhagen, Gads Forlag 1980.

Lundgreen-Nielsen, F., „Grundtvig og danskhed", *Dansk identitetshistorie,* hg. Ole Feldbæk, C. A. Reitzels Forlag 1992.

Møller, J. F., *Grundtvigs død,* Aarhus Universitetsforlag 2019.

Pedersen, K. A., „Grundtvig på anklagebænken: En redegørelse for hov-edlinjer i de sidste ti års danske Grundtvig-reception og deres forhold til centrale motiver i Grundtvigs forfatterskab og dets virkningshistorie", *Grundtvig-Studier* 2002.

Thodberg, C. og Thyssen, A. P. (red), *Grundtvig og grundtvigianismen i nyt lys,* Aarhus, Forlaget Anis 1983.

Vind, O., *Grundtvigs historiefilosofi,* Kopenhagen, Gyldendal 1999.